NEW

乡村振兴新思路

新时代农村电子商务运营基础入门

编著
李 阳
陈树伟
魏羡崴

广西美术出版社

接续推进全面脱贫与乡村振兴有效衔接，是脱贫攻坚与乡村振兴交会和过渡时期的一项重大战略任务。做好二者的有机衔接和协同推进，既有利于巩固脱贫攻坚成果，培育长效脱贫机制，又有利于促进农业农村优先发展，推动乡村全面振兴。

农村电子商务作为新兴的商业模式将是农村摆脱传统生产经营模式束缚的新法宝，是实现乡村振兴、巩固脱贫成果的重要手段。本书作者李阳是一名资深电商从业者，从事电商运营工作达十年之久，从业经验丰富，对淘宝、天猫、微店、京东等电商平台有完善的运营经验，对数据推广、精准营销、快速提高销量、网站设计、打造爆款产品的运营经验丰富。本书另一作者陈树伟是广西大学讲师，常年从事网站视觉艺术设计，擅长在设计中引导用户注意力，提升商品转化率，线上教育和线下培训经验丰富。

本书较全面地探索了移动 + 电商时代各主流电商平台的运营基础流程，向读者详细解析农村电商产业链各节点，覆盖营销、物流、平台、新零售、运营实务等内容，围绕运营实践中的热点难点问题，为农村电商从业者及创业者答疑解惑。

目录

第一章
了解电子商务

第一节 什么是电子商务

电子商务（简称电商），是通过电子设备和网络技术进行的商业模式，通俗来说也就是通过互联网完成交易。电商打破了交易市场的种种限制，凭借普遍、便利、丰富和实惠的特性，迅速影响中国的经济和社会的发展。近年来，随着互联网经济的快速发展，网络购物已成为人们日常生活中不可或缺的一部分，数据显示，2015—2020 年中国网络购物市场规模从 3.8 万亿元增长至 11.7 万亿元。电子商务拓宽了商品的销售渠道和范围，运营成本和门槛也比传统行业低，因此，互联网经济较传统经济具有更好的流通性。

电商主要分为五类：B2B、B2C、C2C、B2G、C2B，其中，B2B、B2C、C2C、C2B 是网络购物最常见的交易方式。

1.B2B（是 Business-to-Business 的缩写）是指企业与企业之间通过专用网络或互联网，进行数据信息的交换、传递，开展交易活动的商业模式。简单举例来讲就是：地头收购农产品的商家—批量采购产品的商家。常见的 B2B 的网商平台是阿里巴巴。

2.B2C（是 Business to Consumer 的缩写）是电子商务按交易对象分类的一种，即表示企业对买家的电子商务形式。简单举例来讲就是：产品—厂家—买家。常见的B2C的网商平台是京东、天猫。

3.C2C（是Consumer to Consumer的缩写）是指个人与个人之间的电子商务，即买家间的电子商务。

常见的C2C的网商平台是淘宝。

4.C2B（是Consumer to Business的缩写）是指个人与集体之间的电子商务。

简单来讲就是产品—团购式买家。常见的C2B的网商平台是拼多多。

第二节 农民为何要开网店

“利用互联网拓宽销售渠道，多渠道解决农产品卖难问题。”习近平总书记在决战决胜脱贫攻坚座谈会上的重要讲话，为加快发展农村电子商务，探索农产品产销对接新思路，为助农增收、精准扶贫指明了方向。

电商扶贫是一种新型扶贫模式，电子商务通过打破地域间的距离限制，降低了贫困地区农产品的交易成本，实现了农产品的市场价值，同时能高效推广贫困地区的产品，推动其品牌项目建设，帮助贫困地区农民群众增加收入，实现脱贫致富。一部分贫困户经过电商专业培训，可以在各个电子商务平台经营自己的网店，更多的农户也可以从事电商相关的生产劳动。近年来，各地、各部门都在积极出台各项支持电商的扶贫政策，让贫困群众切切实实享受到互联网创业的发展红利。接下来，我们对开网店的诸多事宜进行了梳理，希望能对农民朋友有所帮助。

与开实体店相比，网上开店具有方法简单、成本低、风险小等特点。农村有着丰富的特色农产品资源，但销售渠道单一，信息闭塞，利用互联网可以搭起农民与更大市场的联系，让农货出山、出村，增加农民收入。

农村拥有大量的民族特色产品，特别是民族工艺品，价值高而又独具特色，这类商品往往能在琳琅满目的商品中突围而出，因为其不仅数量稀少、能吸引眼球，还拥有其他产品无法取代的特点。

很多地区的农村都有富余劳动力，他们能够进行一些手工劳作，制作出来的手工制品除了能自给自足外，往往具有不错的商业价值。通过网络平台能促进这些手工制品的商业价值的实现，为农民带来更多实际收益。

第三节 网店常用的平台

随着互联网技术的发展和进步，现在有很多可以开网店的平台，其中主流平台有淘宝、天猫、京东、拼多多等。接下来为大家详细介绍各个平台的特点，大家可以自行选择适合的平台去开网店。

（一）淘宝：包罗万象的综合购物平台

淘宝网成立于2003年，由阿里巴巴集团投资创办。淘宝网推出之后，短短几年之内就成功占据了国内市场，成为电子商务领域的领头羊，也是众多商家开办网店的首选。

1999年，马云和他的团队在杭州的一栋公寓内创立了阿里巴巴。当时中国的线上经济几乎为零，阿里巴巴是B2B领域当之无愧的领导者。几年之后，马云又将精力投向C2C领域，创立了淘宝。淘宝刚刚成立时，面临着众多挑战，其中包括来自国外先进企业的竞争压力。在淘宝成立之前，eBay在世界上拥有极高的知名度，也是C2C市场上最大的在线交易社区，但它始终未能将市场扩大。马云意识到，要想从市场中脱颖而出，就必须做出自己的特色。淘宝因为其免费开店的政策，在短时间内吸引了一大批商家，平台上出现了各种各样的商品。

同时马云还通过线上平台给予商家一站式的服务，如金融（支付宝）、物流（四通一达）、供应链等。现在淘宝对以往各种平台的经验进行了整合，形成了一套特有的盈利模式。

淘宝店可以分为两种类型——普通店铺和企业店铺。普通店铺只需要居民身份证即可开设，企业店铺则需要企业营业执照及相关证明。

入驻淘宝网店有哪些优势呢？

（1）开店门槛低，卖家仅仅需要交纳少量保证金

普通店铺

折扣小店
卖家
主营：森马-春装 女款 夏款 男款 正品 13 新款 1...
销量5092
好评率：97.68%

小店
卖家
主营：T恤 200609 居家服 短袖 背心 长款 宽带...
销量3217
好评率：99.42%

小店
卖家
主营：连衣裙 气质 收腰 V领 女 新款 韩国 泡泡袖...
销量238
好评率：98.88%

企业店铺

主题市场

女装	男装	内衣	鞋靴
箱包	婴童	家电	数码
手机	美妆	珠宝	眼镜
手表	运动	户外	乐器
游戏	动漫	影视	美食
鲜花	宠物	农资	房产
装修	建材	家居	百货
汽车	二手车	办公	定制
教育	卡券	本地	

特色市场

全球购	极有家	阿里拍卖
淘宝众筹	飞猪	农资
天天特卖	Outlets	淘抢购
试用	里贩团	阿里翻译

就可以开店，这是淘宝针对中小卖家非常友好的举措。

（2）淘宝店铺操作简单，版面清晰，综合性能强大，为新手用户使用提供简便的操作方案。

（3）在天猫、聚划算等多个阿里系平台上整合，体系成熟，发展空间巨大。

（4）淘宝支付系统依托阿里的支付宝系统，体系完善、功能强大，便于操作。

（5）只需要缴纳一定的费用，淘宝就能为店主提供优质的服务。

（6）只需缴纳广告费用，淘宝就可以为商家打广告。和天猫、京东、拼多多等平台相比，大而广的淘宝平台的经营范围很广，不仅有商品，还有服务。2016 年 3 月 29 日，阿里巴巴集团 CEO 张勇为淘宝规划了三个战略方向：社区化、内容化和本地生活化。淘宝上有众多独具特色的主题市场，如鲜花、宠物、农资甚至房产等，能够满足多个领域的商家的需求。淘宝作为 C2C 领域的龙头平台，对买家的购物习惯有很大的影响。对于想开网店的新手来说，淘宝经营环境相对友好，流量大、销量大、门槛低。

（二）天猫：品牌和质量双重保证

天猫是专业线上综合购物平台，是国内 B2C 领域的龙头平台。天猫整合数千家品牌商、生产商，为商家和买家提供一站式解决方案。对买家提供产品质量保障，对假冒商品零容忍，还提供 7 天无理由退货的售后服务，以及购物积分返现等优质服务。天猫店分为三种：

1. 旗舰店

自有品牌企业，可以经营同一个品牌、同一个一级类目下的所有产品。开设旗舰店的第一步是注册商标，取得国家知识产权局商标局颁发的商标注册证或商标受理通知书。

2. 专卖店

天猫专卖店是商家持品牌授权文件在天猫开设的店铺，只能经营一个授权销售品牌商品。专卖店的所有者必须是取得该品牌所有者或者公司正式授权的企业法人。

3. 专营店

天猫专营店是经营天猫同一招商大类下两个及以上品牌商品的店铺，可以既经营他人的品牌商品，又经营自有品牌商品，但是一个招商大类下只能申请一家专营店。相对来说，天猫专营店的要求比天猫旗舰店更低，店铺的名称不需要与品牌名保持一致。

入驻天猫网店有哪些优势呢？

（1）用户体量

天猫背靠阿里巴巴的强大生态体系，通过丰富的商品，带来巨大的用户群体。

（2）注重品牌

天猫平台对产品的品质和品牌有很高的要求，品牌商能够借助天猫的品牌知名度，快速树立起买家眼中的品牌形象，提升他们对品牌的信任度。

（3）定期的销售活动节点

天猫官方会定期组织一些活动，为卖家提供了更多的展现机会。比如“双十一”“双十二”“年货节”等。每个类目还有相对应的销售活动节点。

（4）店铺等级

天猫店铺不设置等级限制，卖家不用担心开店初期会因店铺等级的影响而受到限制从而影响销量。

（5）针对商家的成长

天猫卖家可以报名参加相关的专业培训和各个类目的针对性课程，这对于卖家的技巧提升有着重要帮助。

（三）拼多多：团购＋社交，让购物更有趣

拼多多是一家迅速崛起的 C2B 社交电商平台。它借

助微信的用户优势，以低廉的价格，通过拼团进行社交裂变销售商品。旨在凝聚更多人的力量，让用户以更低的价格买到更好的东西，体会更多的实惠和乐趣。通过沟通分享形成的社交理念，拼多多形成了其独特的新社交电商思维。

和淘宝、天猫、京东相比，拼多多是后起之秀，成立至今不过几年，然而它很快就成长为国内较大的电子商务平台之一。社交购物让获客成本更低。拼多多是一家专注于 C2B 模式的第三方社交电商平台，即买家先提出要求，然后由生产企业按需求组织生产。C2B 模式有两种表现：一种是众筹，另一种是团购，拼多多属于后一种。人们在网购时，大多属于个体行为，对分享购物体验意愿不强烈。拼多多抓住了人们的这一痛点，利用团购强烈的社交属性，使得以往的购物模式具备了交互体验。用户通过发起和朋友、家人、邻居等的拼团、砍价，可以用更低的价格购买商品。在互联网时代，这种“低价 + 社交”的购物模式，给人们带来了全新的购物体验，也给拼多多带来了“病毒式”传播的效果。在社交购物的侵袭下，每个人都是一个传播媒介，只要商品足够诱人，社交效应就会充分发挥作用，达到一传十、十传百的效果。

在使用媒介上，拼多多和淘宝、天猫、京东有很大的差别，后三者出现的时间较早，因此主要是针对使用电脑的用户而设计的，而拼多多迎合了移动互联网的发展，针对的是使用手机的人群。虽然人们对拼多多也有诸多质疑，但是数据的增长说明了市场对这种营销模式的认可。基于庞大的用户流量，以及拼多多对中小商家的优待，很多中小商家纷纷选择入驻拼多多。例如，拼多多学习淘宝的0元入驻策略，并且简化入驻程序，因此很多淘宝商户开始进驻拼多多。例如，山东寿光农场已经和拼多多合作，提供了农业到网售的一站式服务，直接减除了经销商的环节，极大地提高了贸易效率。按照经营主体进行划分，拼多多的店铺类型可以分为个人店铺和企业店铺。

1. 个人店铺

拼多多对个人开店的要求很少，个人店铺只需提供个人的身份证信息，个体工商店只需提供身份证与营业执照等信息即可。

2. 企业店铺

企业店铺可以分为旗舰店、专卖店、专营店和普通店。

（1）旗舰店：经营 1 个自有品牌或者 1 级授权品牌的店铺。

（2）专卖店：经营 1 个自有品牌或者授权销售品牌的店铺。

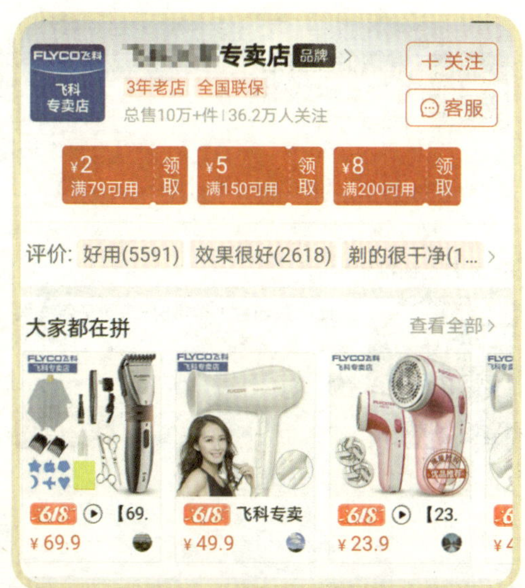

（3）专营店：经营1个或者多个自有/他人品牌的店铺。

（4）普通店：普通企业店铺。

入驻拼多多网店有哪些优势呢?

（1）一个身份证可以开多家拼多多店铺

在拼多多可以用一个身份证开多家个人店铺，有利于手上拥有更多货品资源的商家发展。

（2）拼多多的规则比较少

规则少是相比淘宝、天猫、京东等完善的规则而言的。拼多多规则虽少，但是惩处的力度比较大。因此也需要商家通过学习，规避风险。

（3）拼团形式收获更多销量

拼多多主打低价产品，买家主要以拼团的形式购买，卖家通过低价销售薄利多销而盈利，这样积累下来的利润就会比较大。而且拼团形式也鼓励买家分享链接，通过社交吸引更多的流量。

（四）京东：自有物流体系的综合商城

京东——中国自营式电商企业。京东的优势在于自营产品物流便捷。京东开店门槛和所需要资质基本和天猫一样，对应的是品牌商和经销商。

京东最初是一家零售公司，销售电子数码产品，并且是光磁产品领域最具影响力的代理商，进入电子商务领域之后，京东仍旧延续自营的模式，主要经营电子数码产品。为了提升店铺的口碑和销量，京东努力提升产品品质和服务质量。天猫和京东同属 B2C 模式，但天猫是开放平台模式，而京东更像是价值链整合模式。京东是以产品流管理为战略核心的自营电商，赚取差价，经营重点在于现金流管理和信息流管理，形成业务闭环、在线零售的特点。在产品流方面，京东的优势比较明显，尤其是在高客单价的 3C 类产品领域。在物流方面，京东和天猫采取完全不同的物流配送模式。京东投入了巨额资金，建立了自己的仓储和物流系统。且京东采取分布式库存管理，提前把各供应商库存汇集到各区域，买家下单以后，系统会自动在最近的仓库调货，从而实现快速配送。天猫则完全依赖第三方物流配送，通过菜鸟网络实现对第三方物流的资源整合。虽然京东的规模不如淘宝和天猫，但是它凭借自己独特的优势，成为电商

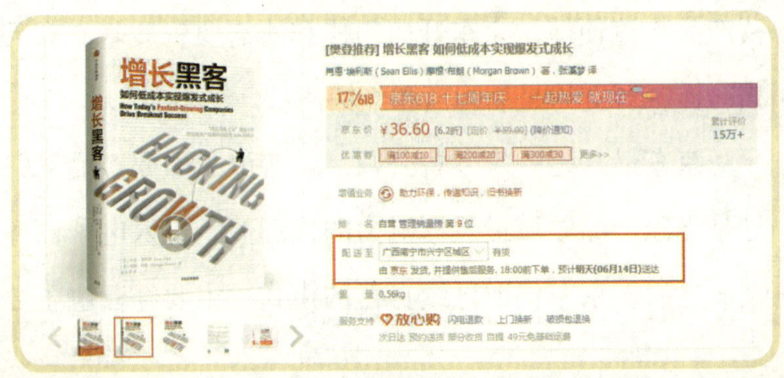

行业不可忽视的一股力量。同时，京东在各个方面对商家进行扶持，特别是在京东“6·18”购物节到来之际，对商家的扶持力度还会加大，很适合那些有一定的从业经验，希望扩大生意规模的商家。

和天猫相似，京东的入驻店铺也分为以下几种类型。

1. 旗舰店，是指商家以自有品牌，或由权利人出具的在京东开旗舰店的独家授权的文件（授权文件中应明确独占性/不可撤销性），入驻京东开放平台的店铺。

2. 专营店，是指经营京东开放平台相同一级类目下两个及以上他人或自有品牌（商标为 R 或 TM 状态）商品的店铺。

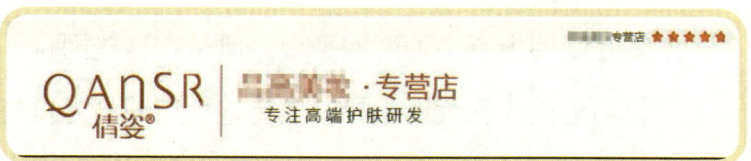

3. 专卖店，是指商家持他人品牌（商标为 R 或 TM 状态）授权文件在京东开设的店铺。

（五）总结

如果是以个人为单位开设网店，建议优先考虑淘宝和拼多多。当然这两家平台的注册也分为个人注册和企业注册，企业也可以入驻这两个平台。如果是以集体名义或者品牌商为单位开设网店，建议优先考虑天猫、京东、拼多多。

比较项目	人气	适合对象	平台特色	入驻难度
淘宝	很高	个人、公司网店	投入低	小
天猫	很高	公司网店	投入高	大
京东	高	公司网店	投入高	大
拼多多	高	个人、公司网店	投入低	小

第四节 如何掌握开店流程

虽然互联网上有多种网购平台，但是在这些网购平台上开设网店的流程大同小异，主要包括店铺的定位与规划、开店申请、店铺装修、上架商品、营销推广、交易与售后六个方面。开店的具体流程如下：

1. 店铺的定位与规划

在网上开店，首先要考虑的就是要销售的商品，并非所有商品都适合在网上销售，这就要求我们对店铺进行先期的规划。比如利用产品材质上的差异、品种上的差异、地理上的差异来赚取差价。

2. 开店申请

了解平台开店申请的规则。例如淘宝规定申请开店需要完成实名认证并通过淘宝规则的考试。

3. 店铺装修

根据产品的特点、店铺定位、人群喜好来确定店铺的装修风格。同时还需要学习各种手段来装修自己的店铺，打造出一个小而美的特色店铺。

4. 上架商品

将商品上架到店铺橱窗，优化商品标题，搭配商品图片，制作详情页，标注产品的基本信息，如名称、产地、品种、数量等。设置运费模板、退换货的说明等。

5. 营销推广

为了提升店铺的人气 ，营销推广十分必要。推广可以以线上线下、站内站外多种方式同时进行。站内推广可以通过直通车进行，站外推广则可以通过淘宝客进行。

6. 交易与售后

有些买家在购物前会与卖家进行沟通，这时卖家需要及时有效地解答买家的疑惑，双方在平台规则下进行交易。很多买家在选购商品时会看看商品评论，好的评论积累下来就形成了商家的无形资产。售后问题需要商家在开店初期就规划到位，争取为买家提供最优质的售后服务。

第五节　开设网店要学习的规则

注意学习相关的处罚规则，下面我们列出几个经常出现的处罚条款。

平台的规则和条例均依据相关的法律条款所制定，根据每个平台自身的发展方向不同具体的操作也有所区别。由于淘宝的相关规则相对成熟，我们学习的网店规则均以淘宝规则为例。

（一）虚假交易

是指通过不正当方式提高账户信用积分或商品销量，妨害买家高效购物权益的行为。

1. 通过不正当方式所提高的信用积分占账户总信用积分百分之八十以上，若相应违规笔数达九十六笔以上的，每次扣九十六分；若相应违规笔数达四十八笔以上九十六笔以下的，每次扣四十八分；

2. 通过不正当方式所提高的信用积分占账户总信用积分百分之五十以上百分之八十以下，若相应违规笔数达四十八笔以上的，每次扣四十八分；

3. 其他通过不正当方式提高账户信用积分的，每次扣二十四分；

4. 通过不正当方式提高商品销量的，每次扣六分。

淘宝对涉嫌虚假销量、信用的商品给予三十天的单个商品搜索降权，同时根据卖家店铺涉嫌虚假交易情节严重程度给予卖家七至九十天的全店商品搜索降权。

（二）知识产权违规

1. 知识产权违规通常分为两大类型：一般侵权行为及严重侵权行为。

一般侵权行为：

（1）在所发布的商品信息或所使用的旺铺、域名等中不当使用他人商标权、著作权等权利；

（2）出售商品不当使用他人商标权、著作权、专利权等权利；

（3）所发布的商品信息或所使用的其他信息造成其他用户的混淆或误认。

严重侵权行为：

（1）发布、销售未经著作权人许可复制其作品的图书、音像制品、软件；

（2）发布、销售非商品来源国的注册商标权利人或其被许可人生产的商品。

2. 知识产权违规类型

（1）使用他人商标或名称

指淘宝卖家在商标及名称拥有者未授权的情况下，在其用户名、店铺名称或是推广中使用他人商标或企业名称。

（2）盗用文字、图片

最常见的违规行为之一，指未经原作者或所有权拥有者允许的情况下擅自在店铺首页、栏目页、橱窗、产品详情等页面中使用（包括二次编辑）他人的原创性文字作品、图片（包括商品图片）、视频等。

（3）盗版商品

淘宝卖家非法销售未经许可的纸质、电子出版物，包括图片、文字、书籍、视频、音频、电子书等，是较为恶劣的侵权行为。

（4）使用他人商标标识

淘宝卖家直接在自己店铺首页、栏目页、产品详情页、阿里旺旺、助手及其他推广单元或者推广网页未经许可使用他人商标标识或者修改、仿冒他人商标标识等擦边球行为，皆属侵权。

（5）售卖假货

这是性质极为恶劣的侵权行为，指未经授权仿冒知名品牌出售。

（6）淘宝知识产权专利侵权

一般是指生产经营过程中非法使用他人受法律保护的专利。如发明专利侵权、实用新型专利侵权及外观设计专利侵权，后两种较为常见。

（三）描述不符

是指买家收到的商品与达成交易时卖家对商品的描述不相符，卖家未对商品瑕疵、保质期、附带品等必须说明的信息进行披露，妨害买家商品满意权益的行为。包括以下情形：

1. 卖家对商品材质、成分、品质等信息的描述与买家收到的商品严重不符，或导致买家无法正常使用的；

2. 卖家未对商品瑕疵等信息进行披露或对商品的描述与买家收到的商品不相符，且影响买家正常使用的；

3. 卖家未对商品瑕疵等信息进行披露或对商品的描述与买家收到的商品不相符，但未对买家正常使用造成实质性影响的。

（四）违背承诺

是指卖家未按照承诺向买家提供某些服务，妨害买家服务满意权益的行为。

1. 卖家违背以下承诺的，每次扣十二分：

（1）淘宝判定卖家确实应该承担因买家保障服务产生的退货退款等售后保障责任但卖家拒绝承担的；

（2）淘宝判定卖家确实应该承担七天无理由退换货、假货赔三、数码维修、闪电发货赔付等售后保障责任但卖家拒绝承担的；

（3）卖家参与试用中心的活动，但却在买家报名完成后拒绝向买家发送已承诺提供的试用商品的。

2. 卖家违背以下承诺的，每次扣六分：

（1）淘宝网卖家拒绝提供或者拒绝按照承诺的方式提供发票的；

（2）买家选择支付宝担保交易，但卖家拒绝使用；淘宝网卖家与买家在淘宝网外进行交易的；

（3）加入货到付款或信用卡付款服务的卖家，但拒绝提供上述服务的；

（4）加入淘宝官方活动的卖家，未按照活动要求提供服务的；

（5）发布拍卖商品的卖家，拒绝按照买家拍下的价格成交或者拒绝提供包邮服务的；

（6）加入聚划算的卖家中途退出，或未在七天内按已审核的报名信息所载内容完成发货的；

（7）加入淘宝游戏交易平台的卖家，未在买家付款后三十分钟内提供商品的；

（8）加入闪电发货的卖家，出售虚拟商品的未在一小时内完成发货，或出售实物商品的未在二十四小时内发货的。

3.卖家未履行其他承诺的，每次扣四分。

（五）发布违禁信息

是指会员发布以下国家法律法规禁止发布的商品或信息的行为。

枪支、弹药、军火或相关器材、配件及仿制品；易燃、易爆物品或制作易燃、易爆品的相关化学物品；毒品、麻醉品、制毒原料、制毒化学品、致瘾性药物、吸食工具及配件；含有反动，破坏国家统一，破坏主权及领土完整，破坏社会稳定，涉及国家机密，扰乱社会秩序，宣扬邪教迷信，宣扬宗教、种族歧视等内容或相关法律法规禁止出版发行的书籍、音像制品、视频、文件资料等。

（六）滥发信息

是指用户未按本规则要求发布商品或信息，妨害买家高效购物权益的行为。

1. 发布以下商品或信息的，每次扣十二分：

（1）淘玩偶、淘金币、口碑卡、阿里巴巴及旗下公司提供的各项服务账号、仿阿里巴巴及旗下公司产品的软件；

（2）未经许可发布专营类目所属商品，或未在淘宝网许可范围内发布商品的；

（3）鱼翅、熊胆及其制品；

（4）不限时间与流量的、时间不可查询的以及被称为漏洞卡、集团卡、内部卡、测试卡的3G上网资费卡；

（5）时间不可查询的虚拟服务类商品；

（6）网络账户死保账号以及腾讯 QQ 账号；

（7）平台卡商品其所属平台未经淘宝备案的；

（8）自动发货形式的一卡通系列商品；

（9）未带有平台代充标识的 QQ 增值业务商品；

（10）盛付通商品及穿越火线道具类商品；

（11）秒杀器以及用于提高秒杀成功概率的相关软件设备；

（12）代写论文、代考试类相关服务；

（13）法律咨询、心理咨询、金融咨询、医生在线咨询的服务；

（14）不可查询的分期返还话费类商品。

对系统排查到的涉嫌违反上述规定的商品，淘宝将在两个工作日内进行人工排查，人工排查期内给予单个商品监管。

2. 除下文（6）外若在商品类页面发布以下商品或信息的，每件扣零点二分（但三天内累计扣分不超过七分）；在淘宝网商品类页面发布下文（6）所规定内容的，每件扣一分（但三天内累计扣分不超过七分），在除淘宝网外的商品类页面中发布包含下文（6）所规定内容的，每件扣零点二分（但三天内累计扣分不超过七分）；若在店铺装修区或淘宝门户类页面发布的，每次扣四分：

（1）闲置、收藏商品发布数量超过限制；

（2）个人手机定位、电话清单查询、银行账户查询；

（3）代扣驾照分数服务；

（4）支付宝免签约即时到账接口；

（5）尚可使用的外贸单证以及代理报关、清单、商检、单证手续的服务；

（6）发布心情故事、店铺介绍、外网购物链接、淘宝客链接等非实际交易信息，在淘宝网店铺内发布非淘宝网店铺购物链接、联系方式、实体店信息、银行账号及个人支付宝账户，在淘宝分销平台外发布批发、代理、招商类商品，在淘宝网商品标题中包含非阿里旺旺联系方式等信息；

（7）明示、暗示具有治疗、保健功效或者某种营养素功能的食品，或者以个体经验进行宣传的食品；

（8）邮局包裹、EMS（中国邮政速递物流服务有限公司）专递、快递等物流单据凭证及单号；

（9）大量流通中的外币；

（10）手机直拨卡与直拨业务，电话回拨卡与回拨业务；

（11）炒作博客人气、炒作网站人气、代投票类商品或信息；

（12）捕鸟器及猫狗肉、猫狗皮、猫狗皮制品；

（13）代他人申请具有专属性的权利，包括申请淘宝店铺装修市场设计师等。

对系统排查到的涉嫌违反以上第六目规定的商品，淘宝将在两个工作日内进行人工排查，人工排查期内给予单个商品搜索屏蔽。

3.使用以下不当方式发布商品或信息的，除下文（3）每次扣六分之外，每件淘宝网商品或信息扣零点二分（但三天内累计扣分不超过七分），每件淘宝网商品扣一分（但三天内累计扣分不超过七分）：

（1）在禁止发布商品信息的门户、社区、淘江湖、淘宝打听板块发布广告信息的；

（2）店铺中同时出售同款商品两件以上的；

（3）开设两家以上店铺且出售同样商品的。

对系统排查到的涉嫌违反上文（2）规定的商品，淘宝将在两个工作日内进行人工排查，人工排查期内给予单个商品搜索屏蔽。

4.若在商品类页面发布以下错误描述的商品或信

息，除下文（6）每次扣十二分之外，每件淘宝网商品扣零点二分（但三天内累计扣分不超过七分），每件淘宝网商品扣一分（但三天内累计扣分不超过七分）；若在店铺装修区或淘宝门户类页面发布的，每次扣四分：

（1）商品信息中缺少标题、主图，或服饰类商品缺少所售商品本身的实物图片；

（2）商品标题、图片、价格、物流方式、邮费及售后服务等商品要素之间明显不匹配；

（3）商品标题等信息不实或者与本商品无关的；

（4）使用虚假的好评率、店铺评分、淘宝网店铺类型，或使用与店铺实际信息不符的标识；

（5）商品与所发布的类目或属性不符的；

（6）商品与所发布的类目或属性不符且造成严重后果的。

对违反以上第（1）（3）（5）（6）规定的商品，淘宝同时给予单个商品搜索降权直至商品整改完成后第三天恢复。

5.除以下商品外，淘宝网卖家在买家付款前且商品信息显示有足够库存的情况下，以任何理由表示不能在七十二小时内完成发货的，每次扣两分。

（1）淘宝旅行类目中的商品；

（2）定制与预售类商品；

（3）电器城冰箱、空调、洗衣机、液晶电视、油烟机、燃气灶、消毒柜类目的商品。

卖家若发布除以上情形之外其他有违公序良俗的商品或信息，淘宝可对商品或信息进行临时性下架或删除。

（七）物流和包装的选择

根据自身的销售产品的特点，有区别地选择物流公司。物流产品可以分快递和快运两类。

体积小重量小的商品优先考虑使用快递。

体积大重量大的商品优先考虑使用快运。

而时鲜类商品如肉制品、蔬菜、水果，不但需要考虑体积和重量，还要考虑时效和包装。

建议新开店的商家初期要多使用几个物流公司。由于物流公司的运行机制上的问题，人员流动性比较大，在大促期间能否保证良好的运转，需要经过长期磨合。

第二章
新手开店

第一节 安家落户在淘宝

在淘宝上开店,首先要开通相关的账号,如淘宝账号、支付宝账号、网银账号等。其中淘宝账号是用于管理店铺的;支付宝账号用于管理资金,交易明细查询、提现、存款、保证金都在此账号下进行;网银账号用于对接支付宝,进行现金的提取。此外还需要安装千牛软件和淘宝助手等帮助管理店铺的软件,以提高工作效率。

第二节 注册网上银行

互联网发展至今,网上银行的服务和安全性已经比较成熟。网上银行不但可以减轻银行柜台的业务压力,也能给用户提供更便捷的服务。用户首先需要在当地银行办理开通网上银行的业务,之后就可以在网上办理转账、查询、对账业务而无须到银行柜台办理。

作为淘宝卖家,开通网上银行是入驻的必备条件。网络店铺需要及时地对资金进行操作,如退款、赔款、提现等。

需要注意的是,有些网络骗子使用假冒的银行网站来骗取账户信息,以盗取资金。骗子常用的方法是使用和真实银行相似的网站来进行诱骗,假冒网站的页面也和真实的网上银行页面高度相似，当用户进入后，不仔细查看就输入银行卡信息和密码，就很有可能被他人从 ATM 机取走卡里的现金。

有几种办法可以有效规避这些风险：

1. 用户在登录银行账号时，可以看看手上的银行卡，卡片上都会印有银行网站的地址，使用这个银行给予的地址登录，以免上当被骗。

2. 在百度、360 等大型搜索平台上查找网上银行地址时，注意看地址后方的“官网”标识。

中国工商银行中国网站 官网

工商银行金融服务全面介绍，投资理财信息丰富全面，在线交易方便快捷，满足客户专业化、多元化、人性化的金融服务需求，打造集业务、

信用卡 投资理财 客户服务 网点查询

个人网银登陆 企业网银登陆

www.icbc.com.cn - 快照 - V 中国工商银行官网

3. 用户在银行开通网银后，到银行柜台要求使用“U 盾”，当登录网上银行时，必须把“U 盾”插入电脑才能正常操作网上银行的功能。

第三节 注册和登录淘宝账号

注册淘宝账号是开店前必须做的一项工作。在注册淘宝账号的同时还需要注册一个电子邮箱，用以绑定淘宝账号。如果忘记账号密码、账号被盗等情况发生，可以通过安全邮箱找回账号。淘宝会要求用户绑定一个手机号码，其作用和安全邮箱相似。根据注册提示完成账号注册就可以登录淘宝，开启我们的淘宝之旅了。

1. 打开淘宝网，找到上方的“免费注册”。如果已经有淘宝账号，请点击“亲，请登录”。

2. 仔细阅读协议后，请点击“同意协议”。

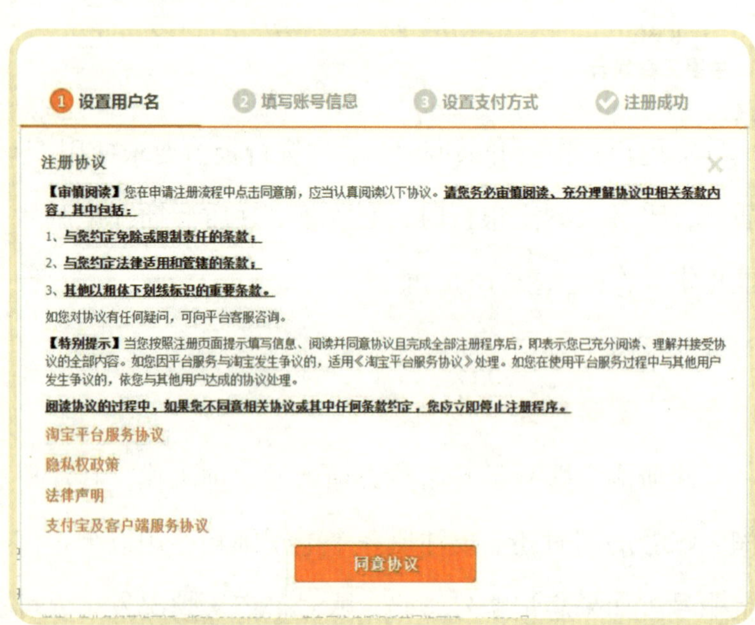

1 设置用户名
2 填写账号信息
3 设置支付方式
注册成功
注册协议
【审慎阅读】您在申请注册流程中点击同意前，应当认真阅读以下协议。请您务必审慎阅读、充分理解协议中相关条款内容，其中包括：
1、与您约定免除或限制责任的条款；
2、与您约定法律适用和管辖的条款；
3、其他以粗体下划线标识的重要条款。
如您对协议有任何疑问，可向平台客服咨询。
【特别提示】当您按照注册页面提示填写信息、阅读并同意协议且完成全部注册程序后，即表示您已充分阅读、理解并接受协议的全部内容。如您因平台服务与淘宝发生争议的，适用《淘宝平台服务协议》处理。如您在使用平台服务过程中与其他用户发生争议的，依您与其他用户达成的协议处理。
阅读协议的过程中，如果您不同意相关协议或其中任何条款约定，您应立即停止注册程序。
淘宝平台服务协议
隐私权政策
法律声明
支付宝及客户端服务协议
同意协议

3. 填写手机号码，点击“下一步”获取验证码后点击“确认”。

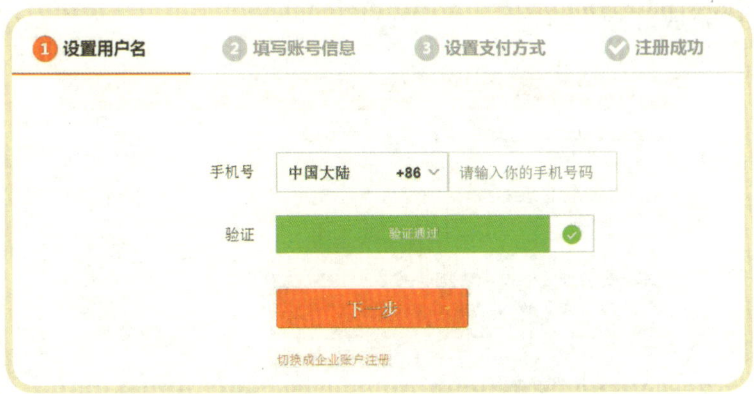

4. 填写电子邮箱地址，点击“下一步”。

1 设置用户名
2 填写账号信息
注册成功
电子邮箱
@qq.com
下一步

1 设置用户名
2 填写账号信息
注册成功
验证邮件已送达@qq.com
请登录邮箱，点击激活链接完成注册，激活链接在24小时内有效。
请查收邮件
没有收到邮件？

点击“请查收邮件”后，网页会跳转至电子邮箱。查看收件箱，我们会看到淘宝网发送的一封邮件，点击“完成注册”。

5. 设置登录密码，填写登录名后，点击“提交”。

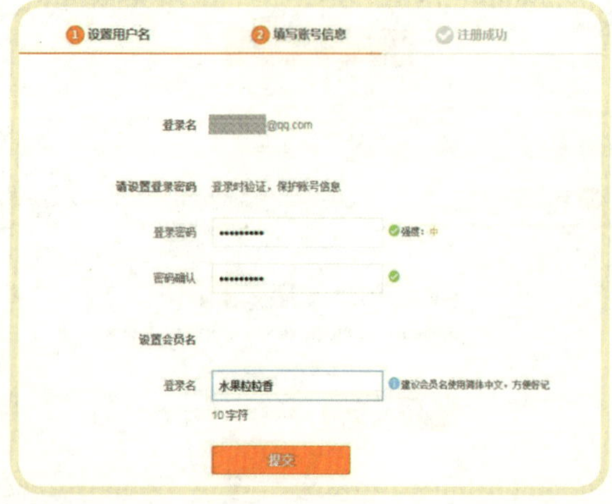

6. 详细阅读相关协议，然后填写要绑定的银行卡和身份证、手机号码，输入校验码后点击“同意协议并确定”。

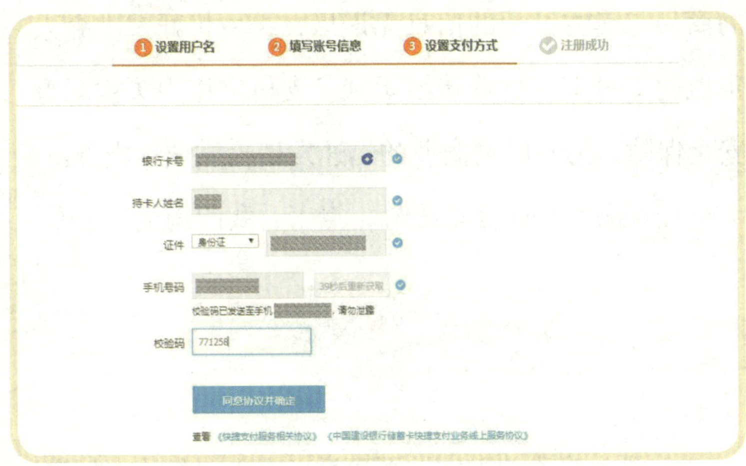

7. 完成注册。

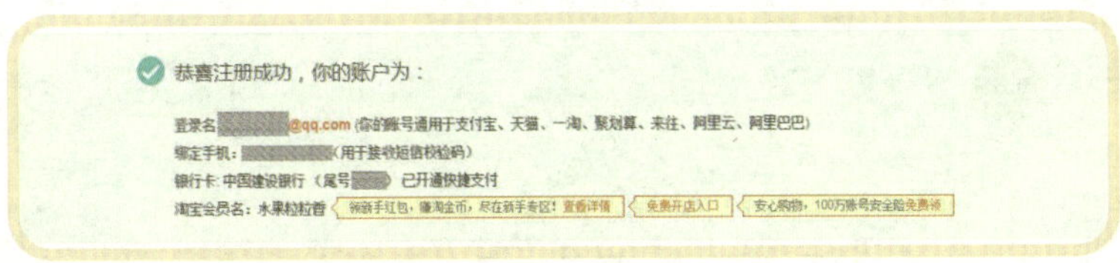

第四节 开通支付宝账号

支付宝是国内领先的第三方支付平台，为电子商务提供简单、安全、快速的在线支付解决方案，是阿里系统电商平台在线交易的重要媒介。

支付宝在网上交易中的作用至关重要，因为买卖双方的关系都是通过互联网建立的，买卖双方原则上需要一个“中介人”的角色，即买家购买商品的资金是由担任“中介人”角色的支付宝进行管理，在买家确认收到的商品与卖方给予的信息无误后，再由担任“中介人”角色的支付宝将货款转给卖家。支付宝作为买卖双方的安全保障，为互联网商业的迅速发展提供诚信服务。

1. 在淘宝页面登录账号，点击“我的淘宝”。

2. 进入“我的淘宝”页面后，点击“我的支付宝”。

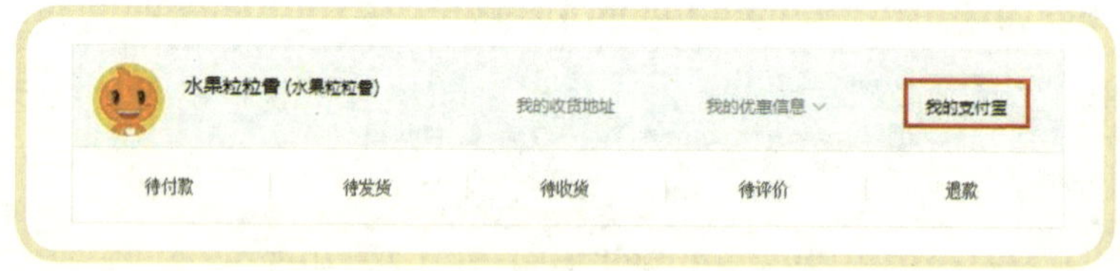

3. 进入支付宝页面，按提示设置密码，提供个人身份信息。

设置身份信息 设置支付方式 成功

为了给你提供更好的支付和金融服务，你需要填写的身份信息享受会员保障服务。
身份信息一经录入不可更改，隐私信息未经本人许可严格保密。

选择账户类型 个人账户（中国大陆） 个人账户（港澳台/海外）

支付宝账户名 @qq.com

设置登录密码 登录时需验证，保护账户信息

登录密码 与注册淘宝的密码相同

设置支付密码 交易付款或账户信息更改时需输入（不能与淘宝或支付宝登录密码相同）

支付密码

再输入一次

设置身份信息 请务必准确填写本人的身份信息，注册后不能更改，隐私信息未经本人许可严格保密
若你的身份信息和快捷支付身份信息不一致，将会自动关闭已开通的快捷支付服务。

真实姓名 查找生僻字

性别 男 女

身份证号码

有效期 2030-06-14 长期

职业 - - - - - - - 请选择 - - - ...

常用地址 广西壮族自... 南宁市 请选择

我同意支付宝服务协议

4. 绑定银行卡。

5. 在注册好支付宝账号后，还需要进行实名认证。

通过支付宝实名认证后，相当于有了一张互联网的身份证，可以在阿里系平台上开店。我们要在淘宝平台上开店，就必须要完成实名认证这个操作。

支付宝增值小技巧：

在支付宝众多的功能里面有一个叫余额宝的功能。用户把资金存进余额宝，不但不会影响用户的购物和提现，余额宝中的资金还可以升值。因为支付宝将余额宝中的资金用于投资并获取收益后，会按比例把收益的一部分返还给余额宝用户。余额宝的利率通常比银行活期存款利率要高一些。

第五节 申请开店

在淘宝或者天猫开店，卖家都需要完成在线考试，只有通过考试才能继续进行开店申请。若没有通过考试，卖家可以继续申请考试，直到通过为止。考试通过后，输入店铺信息，这样小店就开张了。

快速通过淘宝考试小技巧：

淘在线考试是对店主的一个测试，主要查看店主是否了解淘宝网的基本规则。一般来说这个考试并不复杂，但也有不少店主考了几次都考不过，导致迟迟不能开店。

其实，每年的淘宝考试题在网上都有题库，考不过的店主们可以到网上题库中去预先查看试题，熟悉答案后再去考试。

第六节 店铺取名

1. 简洁通俗、朗朗上口。店名要简洁明了、通俗易懂，且读起来应响亮畅达、朗朗上口，避免出现生僻字，否则读起来拗口，就不易为买家熟记。

2. 别具一格，独具特色。网店众多，用与众不同的字眼，使自己的小店在名字上有独特风格，体现出一种独特的品位，可以吸引买家的注意。

3. 与自己经营的商品相关。店名用字要符合自己经营的商品，要选择一个让人从名字就看出店铺经营范围的店名，如果店名与商品无关，很可能误导买家，自然也就不要谈成交了。

4. 富有内涵，给人美感。用一些符合中国人审美观的字样，让店名看起来就有一种美感，不要剑走偏锋，为吸引人的注意而使用一些晦涩难懂、惹人反感的名字，这样会适得其反。

第七节 辅助软件的安装

小店开张后，千牛是一款必须要安装的软件。阿里旺旺是买家用于与卖家沟通交流的软件，而卖家使用的沟通软件则是千牛。千牛是在阿里旺旺的功能基础上升级而来，是卖家的工作平台，淘宝和天猫卖家都可以使用。千牛不但有电脑版本还有手机版本，使用起来非常方便。千牛有卖家工作台、消息中心、阿里旺旺、订单管理、数据管理等多种功能，还有很多功能性的插件供卖家选择。

第三章
产品上架

第一节 店铺设置

申请网店时，我们已经提交过一次店铺相关信息了，但当时无法修改店铺名称。在店铺开张后，我们可以在店铺设置中修改店铺名称，也可以在店铺设置中更改一些其他的基本信息。

步骤：

1. 打开淘宝，在上方的工具栏中，点击“千牛卖家中心”。

我的淘宝 购物车 收藏夹 商品分类 千牛卖家中心 联系客服 网站导航

2. 进入千牛工作台页面，将鼠标移至“店铺管理”上方，在弹出的菜单中找到“店铺基本设置”，点击进入。

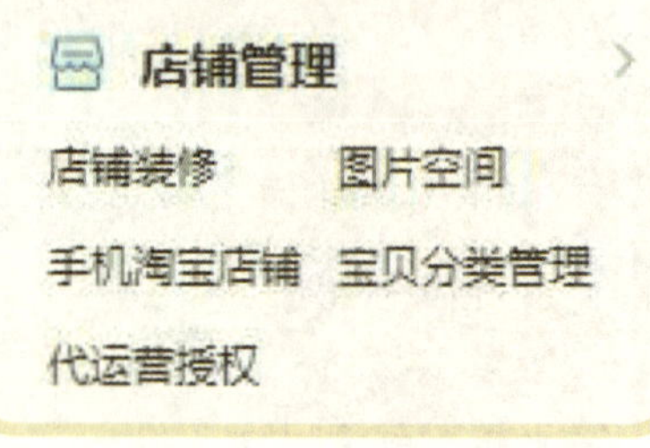

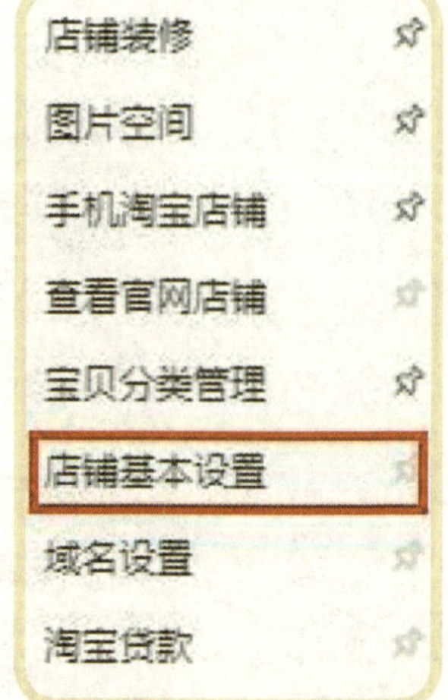

3. 进入“店铺基本设置”页面。

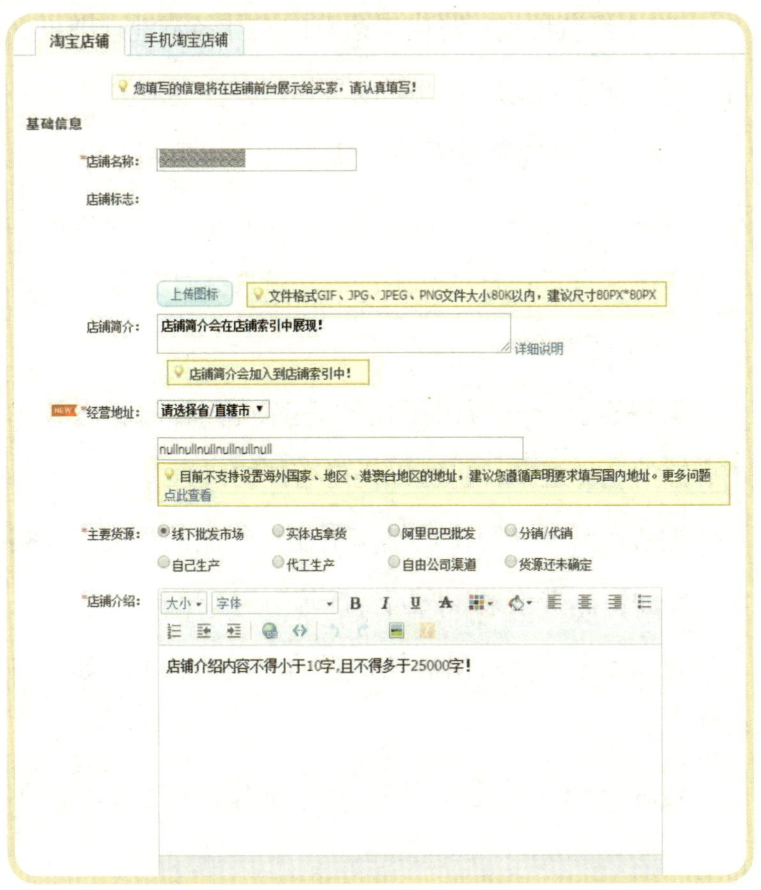

（1）店铺名称：根据自己店铺的主营类目来设计，可以参考同行的店铺名。

（2）店铺标志：根据自己的店铺来设计标志图，如果不会设计也可以用店铺名字的图片来代替。

（3）店铺简介：写上主营类目 + 一级类目词 + 卖点

词，如：甘蔗、爽甜、皮薄、脆口、糖水、秋冬、学生等。

（4）经营地址：写店铺运营的实际经营地址即可，可以写上你家的地址，也可以写你的办公地址。

（5）主要货源：看你的货源来源于哪里，线下批发市场就是本地档口；如果你是开实体店的，就可以选择从实体店拿货；自己有生产的，就选择自己生产。

（6）店铺介绍：

掌柜签名——写出店铺的签名或者店铺梦想展示（店铺的一种展示，也可以说是店铺的口号）。

主营产品——写出店铺卖的主要产品的类型、风格等，比如：热带水果、广西特产等。

店铺动态——写出店铺最近的促销信息，比如全场包邮、五折等。

品牌介绍——写出品牌实力和背景（没有可以不写）。

（7）查看店铺：

在千牛页面的左边栏“店铺管理”菜单中，找到“查看官网店铺”，进入即可查看店铺页面。

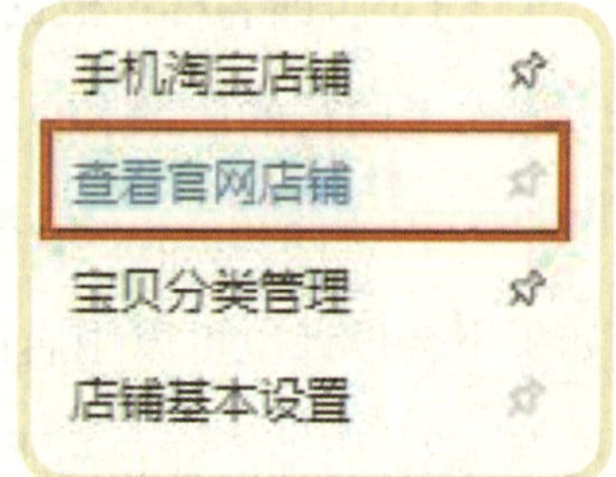

第二节 产品发布规则

（一）不可存在夸大的词汇，产生虚假交易

这个规则很容易懂，举个例子，如果在标题中出现最低、最优、最热等词汇的时候，就可能会存在虚假交易了，或者是图片以及描述与实物不相符的情况都是不可以的。我们在本书的最后会附上《极限词表》，供大家参考。

（二）不可出现重复店铺

这个规则的意思就是说，如果出现两家店铺的东西，从样式、尺码以及描述上完全一模一样，这个就是要尽力避免的，还有一种情况就是，一家店铺重复上一个产品两遍及以上。

（三）不可以交易附带风险的商品以及各种信息

这个规则的意思就是，不可以发布带恶意钓鱼的网站，以及可能发生信息泄露的网站以及各种软件。

（四）不可发布不以交易为目的的产品

这个规则也很简单，举个例子，就是不可以发布“心灵鸡汤”，以及联系方式等非交易目的的“产品”。

（五）符合相应的法律法规

在发布产品类目里面都会有类目对应的法律法规，

需要所有卖家签署承诺书，这样才能发布商品。例如：

您尚未签署《淘宝网食品卖家承诺书》，暂不能发布食品类宝贝

即日起，在该类目下发布宝贝，须签署《淘宝网食品卖家承诺书》，否则将不能在该类目下发布任何宝贝。

淘宝网食品卖家承诺书

一. 服务承诺内容

1）卖家承诺不销售国家明令淘汰或者过期、失效、变质的商品。

2）卖家承诺不销售掺杂、掺假、以假充真、以次充好的商品，不得以不合格商品冒充合格商品。

3）卖家承诺在销售过程中不出现缺斤少两的情况。

4）卖家承诺不销售三无产品，商品包装上必须注明制造商名称，生产地址，商品名称，规格，生产日期，保质期等内容，初级农副产品除外。

5）卖家承诺商品销售时说明是否为临期产品。（"临期"指消费者收到商品时的日期已经超过保质期的2/3时间）

我已阅读以上承诺书，立即签署 发布商品后协议生效

第三节 发布内容流程

产品在发布时，会涉及很多因素，它们直接影响我们店铺的运营推广和相关管理，如销售方式、产品分类、产品价格、产品标题、产品图片、产品描述、运费模板等信息，我们将在下面对这些知识做介绍。

（一）发布产品

进入千牛页面，在左侧栏目中找到“宝贝管理”下的“发布宝贝”。

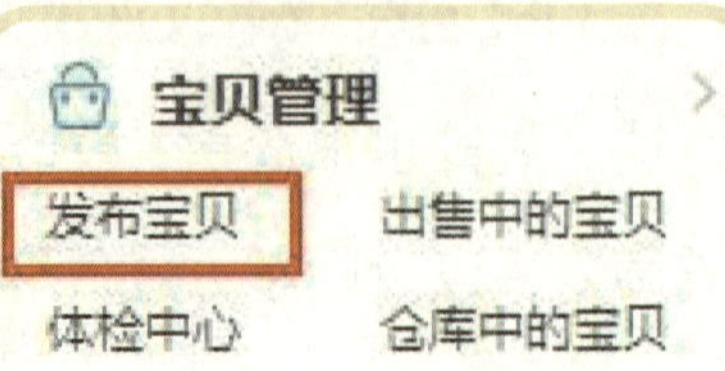

（二）进入产品类别页面

在此页面中，在分类列表框中选择自己需要发布产品的详细分类，选择方式是从左到右，选择顺序是从大分类到小分类到品牌。

这里要注意，淘宝是通过关键字对商品和买家进行匹配的，因此我们在选择分类时一定要准确、细致，这样产品被匹配到的买家人群才精准。相反，假如我们的分类不准确，产品很可能会被推送到无购买意向的买家那里。比如将“水果”分类到“绿植”中，那么想找绿植的买家会完全忽略这类产品。而且根据淘宝相关的规定，产品分类错误是会被下架甚至扣分的。

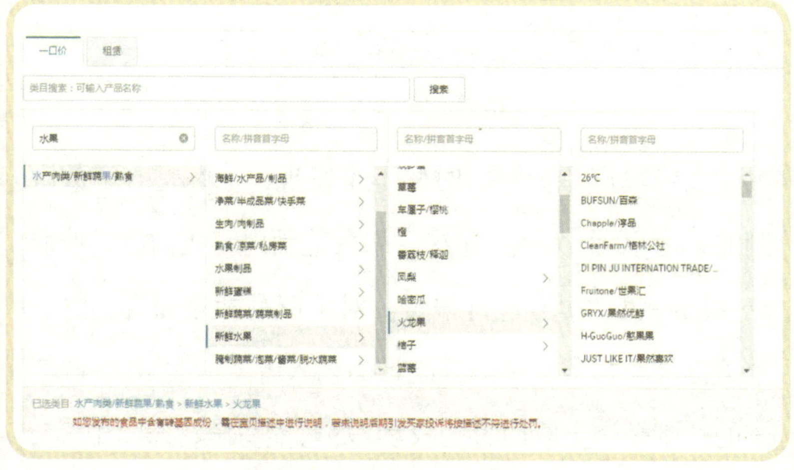

第四节 产品标题

产品标题是介绍产品的卖点、属性、功能等信息。

简单来说产品标题其实就是关键词的组合。访客大都是通过搜索关键词进入店铺，而产品的排名就是通过访客的搜索词匹配产品标题的程度进行排序的。当然，关键词的排名是有先后顺序的，关键词权重越高，排名就会越靠前。

权重好的关键词是打造产品标题的重要因素，一个好的标题能让我们的搜索排名靠前。所以说，想要打造爆款，就要先打造出高质量的标题。

（一）产品标题的字数

在编辑产品标题的时候不难发现，标题是有字数限制的，为 30 个汉字。在这个字数范围内，我们可以按照产品的特色、卖点进行编辑。对于产品标题而言，每一个关键词就相当于一部分流量的引入者。标题给予 30 个字的范围是淘宝给商家的权利，尽可能写满这 30 个汉字，添加可能会用到的关键词，才能把握住流量的入口。

所以，在符合产品属性的情况下，尽可能地写满 30 个汉字。当然也会有关键词过少、内容与产品关联较低，没有存在的价值，也就没必要将其填满了。

（二）产品标题描述的相关性

正如我们上面提到的标题没有相关性则没有任何意义，产品关键词要对产品有准确的描述。比如我们卖的是菠萝，我们的关键词就要紧扣菠萝这个产品。相关的词有新鲜、当季、应季、凤梨、现摘等。同时水果类产品的标题还可以添加产品的相关信息，如10斤包邮、每箱6个等。

随意编辑和加入不相关的词语会影响产品的权重。因为关键词是保证流量的精准性，进而保证转化率的关键要素，不相关的关键词就不要用。不相关的关键词只会拉低我们的转化率，进而影响搜索引擎对产品的判断，影响店铺综合数据。还有就是弱相关的词也尽量不要用，就是那种可出现可不出现的关键词，这类词语对于产品流量没有明显的助推作用，可以将这些词语删掉，将机会让给更好的词。

（三）产品标题要合规合法

谨记电商规则，在《中华人民共和国广告法》中提到的限制词语是坚决不能加入标题或者是详情页中的。目前淘宝平台对在标题中使用《中华人民共和国广告法》

中明确提到的不可使用的词语的行为，有很大力度的惩罚。产品会被直接下架并且会扣除相应的信誉分。比如最好、第一、最棒、销量最高等极限词语（具体禁用的词请参考本书末《极限词表》）。编辑产品标题的时候，可以搜索一下极限词的限制内容，可以查找一下我们的产品标题是否出现了各类限制词语，要遵守国家的相关法律法规，不可随意编写。

（四）产品标题优化

产品标题优化，应该在产品上架之前就做好。上架新产品的时候，我们的标题应该是一个已经优化好的完整标题。这里会存在一个很大的误区，很多新手认为，先随便编辑一个标题上架，等有时间了再进行统一的标题优化也不迟。这样的做法不可取，因为新品上架，淘宝都会给予一定的流量支持。此时已经优化好的标题关键词会积累流量权重。每一个关键词权重都是从开始慢慢培养起来的，如果等产品达到一定销量再去修改的话，会破坏原有的关键词权重，反而会起到反效果。

第五节 产品图片和主图视频

网购时买家是无法触及真实的商品的，因此帮助买家了解产品最直观的方式就是产品图片。产品图片就是对产品的一种展示，是对产品文字描述进行补充，毕竟文字的描述不够全面，无法让买家直观地感受产品，而图片不仅能够显示产品的全貌，更能让买家了解产品的更多细节，比如产品的做工以及质感等，进而让买家感受到产品的价值，因此高品质的产品图片就显得尤为重要。

图文并茂的描述，要比文字和图片分开描述的效果更好，能让买家更清楚地了解我们的产品，在产品图片中插入文字叙述，可以让我们的产品描述更简洁、更直观、更高效，帮助买家节省选择的时间。

线上购物有其独有的优势，方便、节省时间、价格优惠等，我们必须抓住这些优势，用优质的图片来展示产品，从不同的角度诠释产品的各种属性，让买家如在实体店般对该产品有一个全面的了解，引发买家的购物欲望进而促成交易，因此图片展示的重要性就不言而喻了。在现在的网络销售平台中，买家面前充斥着大量精美的产品图片，如果我们的图片少而且分辨率还很低，这是对自己的不负责，也是对买家的不重视，也就不要指望买家会来购物。我们需要提供丰富的图片，并且将买家关心的产品细节放大，让买家看得更加清楚。同时我们还需要考虑图片整体的美观，处理好背景、模特、拍摄光线、道具、图片质量和细节等，让买家全面充分地了解产品并且感受到我们网店的认真态度。

网店页面上的空间是有限的，因此要在这有限的空间里展示高品质的图片，从而留住买家的目光，让买家的目光在我们的淘宝店尽可能多地停留，使我们的产品图片产生最大的价值。所以我们必须用图片描述来增加产品对买家的吸引力。产品主图是每个商家的必争之地，因为主图给店铺带来的是点击率。

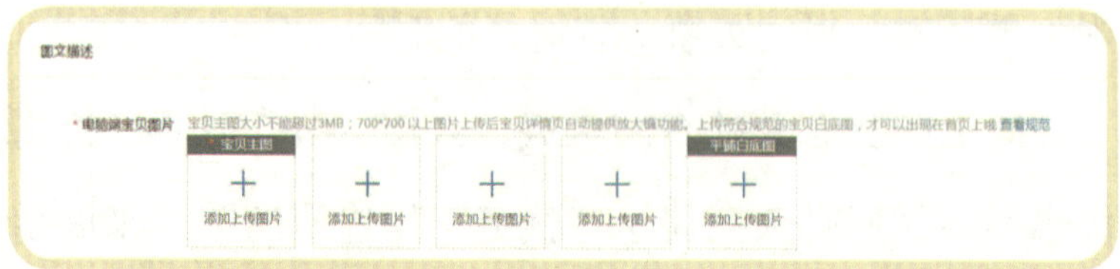

以淘宝为例，产品头部图片区可以放置五张图片。

第一张是主图，是在买家搜索到商品后，首先呈现在买家眼前的图片，这张图片直接决定产品的点击率。要在众多的同质化产品中脱颖而出就是要注重差异化设计，比如从颜色、风格、卖点、个性等方面进行设计。图片注重差异化设计的同时要结合好产品的卖点，这样才能抓住买家的眼球。

第二张图片可以集中描述卖点，通过这些卖点打动买家。提炼产品的卖点、特点，给产品增加附加值，比如说，有任何不满意包退、7天无理由退货等。

第三张图片可以集中描述促销点，就是让买家感觉到产品很优惠，现在买最为划算。

第四张和第五张图片是不同的卖点和细节展示，也就是对第一张图的补充说明，其实这五张图看下来也就是一个简洁版的产品详情页。

从左页图中我们可以看到第五张图有特别的要求，要求做白底图片。因为白底图片才有机会在“有好货”“必买清单”“爱逛街”“热门市场”“猜你喜欢”等手机淘宝端首页展现。系统如果没有识别到符合要求的白底图是不会让图片在首页展现的，也就是说这个商品是不可能在这些渠道的首页入口中被浏览到的。

商品出现在手机淘宝首页不但可以获取大量的精准曝光流量，同时还会获得产品置顶的额外流量，买家是看到入口图片被吸引进来的，那么对应产品的点击购买转化率就会相对提高。

（一）手机淘宝端首页白底图规范

1. 图片尺寸：图片必须为800×800px的正方形图片，

分辨率为 72dpi。

2. 图片格式及大小：JPG 格式，300k 以内。

3. 图片中商品主体完整，撑满整个画面，不要预留边距。商品是正方形的要四面顶边；商品是竖的长方形则上下顶边，左右居中；商品是横的长方形则左右顶边，上下居中。

4. 背景必须是纯白底，最好将素材抠图、边缘处理干净，无阴影，不能有多余的背景、线条等未处理干净的元素。

5. 无 logo（标志）、无水印、无文字、无拼接、无“牛皮癣”。

6. 不可用模特拍摄，不能出现人体任何部位，如手、脚、腿、头等。

7. 必须是平铺或者挂拍，不可出现衣架（衣架的挂钩也不可以）、假模、商品吊牌等。

8. 商品需要正面展现，尽量不要侧面或背面展现，主体不要左右倾斜。

9. 图片美观度高，品质感强，商品展现尽量平整，不要有褶皱。

10. 构图明快简洁，商品主体清晰、明确、突出，要居中放置。

11. 每张图片中只能出现一个主体，不可出现多个相同主体。

（二）主图视频

主图视频已经进入导购频道并且进入主搜展现，在各电商平台的扶持下，流量向短视频倾斜很多，优质的视频可以给店铺带来一定流量。

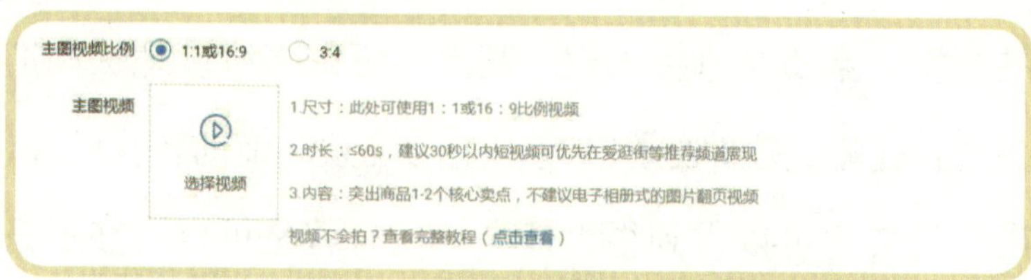

（三）为什么要做主图视频或是详情页视频

从展示的位置上来定位，它就在详情页第一屏的主图位置上，甚至排在了主图图片的前面；从展示特点上来说，主图视频的影音动态呈现，能有效地将更多信息在首屏就予以呈现，且更具真实性、更富创意性。如我们在农村经常见到的竹筐、簸箕等手工制品，就能通过短短几秒的动态视频将产品特性及使用效果展现出来，配合时尚音乐节奏，给买家留下深刻印象。视频比图片或者文字的诱惑力要大很多。

对于买家来说，一个视频比图片更有说服力，视频的展示方式更简单，形式更新颖。视频中涉及的内容广泛，可以更全面地展示产品细节，同时可以向买家更细致地阐述产品的功能。主图视频以影音动态呈现，将有效地在最短时间内提升买家对商品的认知和认同，从而使买家更愿意去观看产品的详情介绍，促进买家做出购买决定。

对于卖家来说，首先，主图视频可以增加我们的产品权重，本质是直接加权。其次，可以多维度地提高产品的转化率，例如收藏、加购。主图视频的辅助转化较强，产品的转化可以得到很大提高。还有就是可以有在手机淘宝首页，如“有好货”“必买清单”等免费流量的展现机会。

我们来进一步了解主图视频能给我们带来渠道引流作用：

（1）站内引流。淘宝主图视频能引流？主图视频是淘宝在买家体验基础上添加的，所以主图视频受到了淘宝官方的大力支持，而对于主图视频中的产品，能够在淘宝站内的“淘宝视频—视频导购”中得到展位，从而可以在淘宝站内获得流量。

（2）视频网站引流。我们既然已经做好了视频，就不能浪费。如果将我们店铺中的主图视频上传至知名网站中宣传（如优酷等），就可以达到淘宝站外的引流。

（3）社交媒体引流。对于我们做出来的主图视频，如果我们能够在其他社交媒体上去投放使用，就可以达到宣传引流的效果。

既然淘宝主图视频既可以给店铺提高转化率，又可以给店铺做多渠道的引流，而且目前一部分商家已经使用，那么，如果我们的淘宝店铺还没有这个功能，我们也就只能眼睁睁看着同行将买家抢走了。

主图视频内容要求：

（1）多角度展示。包括产品的前面、后面、侧面等不同角度的视图。

（2）细节特写。把卖点局部放大，比如你卖的产品是服装，那么服装在某个部位设计的特别之处，都可以放大展示出来。

（3）使用指导和功能特色。如果是功能性的产品，如咖啡机等，可以在主图视频里表现出这个产品的使用步骤。

（4）视频定位。要根据买家特征去做主图视频。例如某店家卖的产品是女装，针对的买家人群是爱美的女性，她们注重款式，所以在视频中要突出款式特点。

制作主图视频时，可参考对手主图视频的特色，同时可以学习借鉴对手的长处，从而优化自己的视频以获取更多的关注，提升店铺转化率。

（5）基础质量要求

①时长：1 分钟以内（建议是 9—30 秒）。

②画质要求：高清 720p 以上。

③尺寸要求：16∶9/1∶1/3∶4。

④视频格式要求：mp4、mov、flv、f4v。

⑤内容要求：突出产品卖点，以介绍一件商品的功能、特点以及效果展示为主，需在 5 秒内进入主体商品介绍，不可以采用图片拼接的方式呈现。

⑥视频中不得出现黑边、三方水印（包括拍摄工具及剪辑工具 logo 等）、商家 logo（如果要出现品牌信息，可在视频结尾出现 2 秒以内，正片中不可以角标、水印等形式出现）、二维码、幻灯片类。

第六节 产品介绍

买家进店后是否会转化为购买，产品详情页起到主导作用。买家需要从详情页了解到产品细节、功能和相

关痛点的内容。

如果说产品详情页是一个商品的灵魂，那么产品详情页的产品描述就是灵魂中的灵魂了。要吸引到买家，好的产品描述尤其重要。那么产品详情页的产品描述要怎么写？

产品描述难写，无非有两个原因。一个是对目标用户的模型画像不熟悉，也就是说不知道自己的产品的受众是哪些，会是哪些用户比较喜欢购买。第二个就是对自身产品从无到有的过程不了解，通俗点来说，就是不知道这个产品是如何制作的。所以这些是我们必须要熟悉的东西。

当我们熟悉了这些东西以后还是觉得自己的产品描述写不好，这是为什么呢？

首先是因为没有明确的写作目的，不知道要写些什么。其实并不需要长篇大论地进行论述，只要把握好产品的优点、特点来进行写作就好了。

其次就是很多卖家的卖点不够精准。说得太多，罗列出来一点二点三点的常规描述方式，显得太过累赘。其实只要找到其中最大的一个卖点进行突出就可以了，这样能够让买家产生直观并且鲜明的印象。

产品详情描述就是我们的销售员，一个良好的销售员应该有逻辑有条理地向买家介绍产品，然后让买家很自然地下订单。

所以，要让买家深刻地体会到：第一，卖家是可信的；第二，产品是有优势的。那我们应该如何做呢？要站在买家的角度思考，问自己一个问题：买家购买这个产品，会想了解哪些信息？他们最看重哪一点？他们还想了解哪些信息，有哪些疑虑不懂的地方？

把买家最常问的问题分类归纳，然后编排整理成图文解说。最好的方法就是收集同行业销量前几名的描述页，分析他们的布局文案构成，先模仿后创作。

产品描述，最重要的是抓住每一个买家的心理，知道买家关心的利益问题，然后从买家的角度出发解决他们的疑虑。那么一篇好的产品描述就跃然纸上了。希望每一个卖家都能写出优秀的产品描述。

产品详情页是非常重要的，它是提升转化率的有效捷径。买家能通过产品详情页来详细地了解产品的信息和特点，来考虑要不要购买产品。所以产品详情页需要包含哪些内容，就显得特别重要。

（一）首屏海报

首屏海报可以设置店铺营销图片，把店铺主推款放到这里。因为在最前面，所以当买家点击进入的时候能第一眼就看到。买家对商品的第一印象特别的重要，所以首屏海报一定要有自己鲜明的亮点。

（二）场景图

场景图就是产品带上背景，场景图可以让人融入环境，代入感特别强。只有当买家产生了代入感，其才会有强烈的购物欲望。

（三）卖点图

卖点就是产品优势，选择做一款产品首先就要了解产品的优势，然后在卖点图上面把优势体现出来。因为不通过这种方式直观地表达出来，买家也了解不到产品的优势在哪里，也就不会购买了。

（四）对比图

对比图就是我们的产品是什么样子的，别人的产品是什么样子的，我们的产品比同行的好，具体好在哪里，同行有些不好的，不好体现在哪里，都可以有一个展示。

这样能更加鲜明并且直观地突出产品的优势和亮点。

（五）产品规格尺码表

产品规格尺码表也是非常重要的，毕竟现在买家购物多半是静默下单，喜欢自己买自己的。他是不跟卖家多说话的，他就看产品详情，看好他就买了。而在这里，我们放上规格尺码表，就方便买家自己查看。这样就不用多走一道程序，导致买家觉得麻烦而放弃购买。

（六）买家秀

买家购物有一种从众心理，大家都买都说好的东西，他就觉得好。那么买家秀图片、评价截图、销售记录截图、聊天记录截图等就能打消买家的顾虑了。

（七）售后保障

提供售后保障如 7 天无理由退货，赠送运费险，损坏包赔、补发等，让买家真正做到无后顾之忧，他才会放心地购买。

最后不得不说，一个优秀的产品详情页总能第一时间吸引到买家的目光，让人不自觉地就产生购买的欲望。所以一个优秀的产品详情页就特别重要。希望每个卖家都能完美地制作出自己的产品详情页。

产品详情页设计要包含运营人员的营销架构，结合文案内容，最后由设计师来统一画面，这样才能达到营销的效果。

首先，关于运营，如果运营不懂得引导用户，不能明确产品的定位和卖点，逻辑混乱，那么再多的资金投入都是打水漂。那么产品详情页的内容思路是什么呢？

第一个就是确定产品的定位、主要卖点，产品解决用户的哪个痛点。第二个就是详细描述产品的主要卖点功效，例如产品如何让买家变得更美、更健康、更自信等。

其次，关于文案，一定要补充促销噱头，提升转化率。要确定主次关系，优化页面引导路径，第一屏尽量少放文字，一句话说清产品特点或者劲爆的活动，后面依次是细节介绍、产品升级、市场痛点、对比同类商家，文案的描述刺痛到买家，那么其下单的概率就增加了。

买家的消费逻辑是非常重要的一点。基本上市面上大部分的产品详情页都是几张图片，然后分为一点、两点、三点……这样非常常规以及死板的产品叙述。一个产品的卖点不够清晰，针对需求和消费点营造不够到位，都是页面转化率降低的原因。

为什么我们要一而再再而三地强调买家呢？因为不论什么商品都是死的，而买家是活的。

产品功能和卖点是基本的需求，就好比手机可以打电话、发微信，在基本卖点同质化的时候，我们就需要引发买家的兴趣，引导购买欲望，使其脱离产品功能的思考，更多地关注自身利益和情感的需求 。

所以，只要弄清楚了买家的心理，让自己时刻站在买家的角度去想问题，把握好思考的逻辑，那么做好一个优秀的产品详情页就非常简单了。只要做好了产品详情页，页面转化率自然就提高了。

大家要了解，在这个普遍都是颜控的时代，不仅仅是人，商品的颜值也格外的重要。毕竟买家第一眼看的不是那些干巴巴的文字，而是商品的展示图。看到美的图片，买家才会有足够的兴趣点进来。所以，商品展示图就尤为重要。拍展示图最好是真人和产品相结合拍摄，有条件的话，可以到室外和场景进行互动。一些商品是有自己的保存环境要求和保养要求的，比如食物，就有具体配料和保存环境要求。这些商品的属性要表达明确，让买家感受到我们的专业。如果能在商品的原本价格上更加优惠，买家毫无疑问会更加喜欢。因此，如果店铺有什么折扣信息和优惠的话，可以在商品详情最上方做一个宣传图，不管是优惠券，还是满减、折上折，这些图片甚至会比商品展示图更加吸引买家。

第七节 运费模板

作为新手卖家，我们首先要设置一个运费模板。

1. 在产品发布页面找到“提取方式”，在其后面勾选“使用物流配送”，然后我们再点击选择“新建运费模板”来新建一个运费模板。

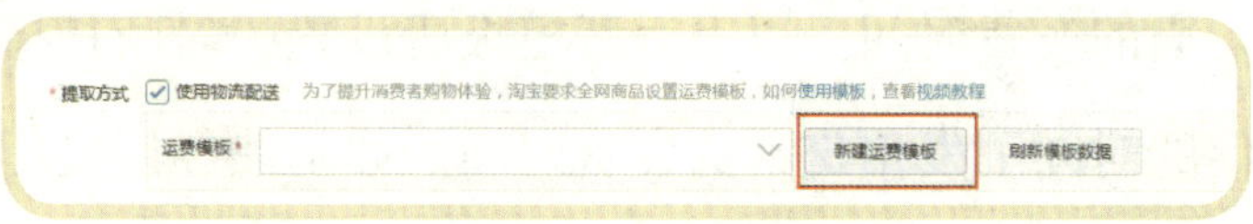

2. 进入页面点击选择“新增运费模板”。

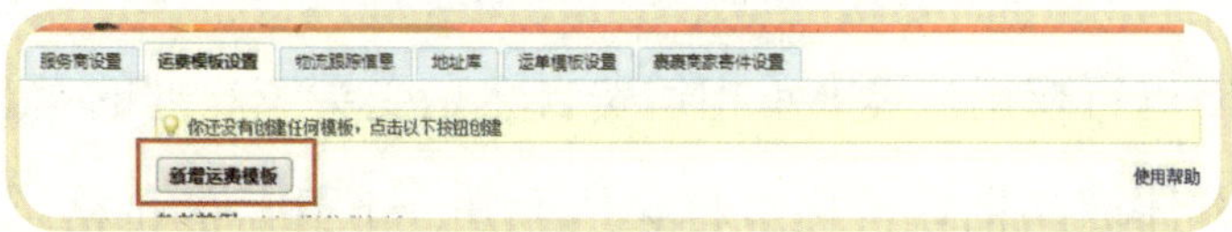

3. 填写运费基本信息。

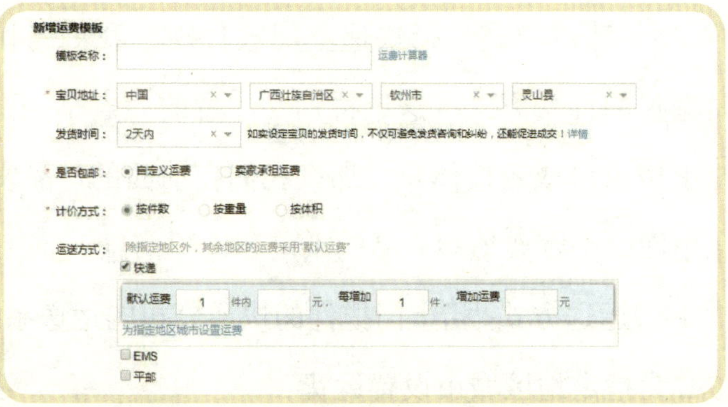

（1）模板名称：新增运费模板名称可以使用某一个快递公司的名称，以方便我们选取。

（2）宝贝地址：宝贝地址填写我们商品所在地址。

（3）发货时间：发货时间需要卖家综合考虑确定，我们能在多少天内将货物发出。买家购买后自然是希望越快收到货物越好，因此最好是能在买家下单后 24 小时内发货。遇到促销活动，平台也会根据情况，给予商家一周的发货时间。以上运费模板所设置的时间是指非大促的时间下发生交易的发货时间。如不能如期发货，买家会退货甚至提出索赔。

（4）是否包邮：需要卖家根据商品的利润和销售价格进行权衡。卖家承担运费自然是受买家欢迎的卖点，但整体商品销售价格也将必然上升，上升后的价格是否有市场竞争力，需要卖家综合考虑。

（5）计价方式：指快递上门收件时，我们与快递公司选择的计费方式。这里特别要注意的一点是，如果选择了按重量或者按体积，那么我们在前面的产品发布信息里面，一定要填写产品的重量和体积信息。

（6）运送方式：指上门揽件的快递公司的运送系统。

4. 为指定地区城市设置运费。

在运送方式中，无论我们勾选快递、EMS还是平邮，系统都会要求我们为指定地区城市设置运费，我们就以快递为例进行讲解。先勾选“快递”，然后点击选择“为指定地区城市设置运费”。

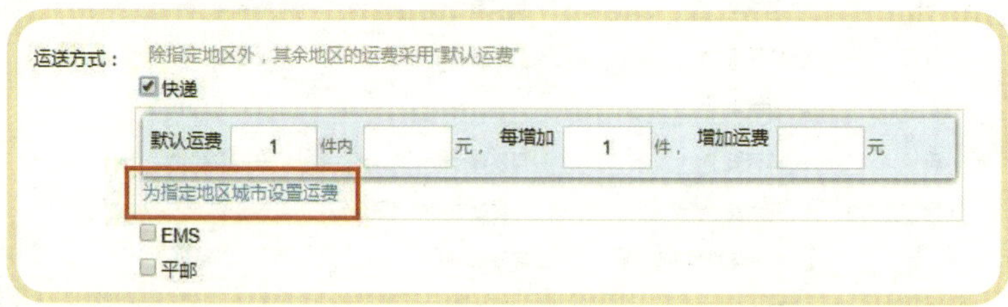

默认运费指的是在不设置指定地区城市的前提下，我们所有包裹的首重和续重的运费计费方式。

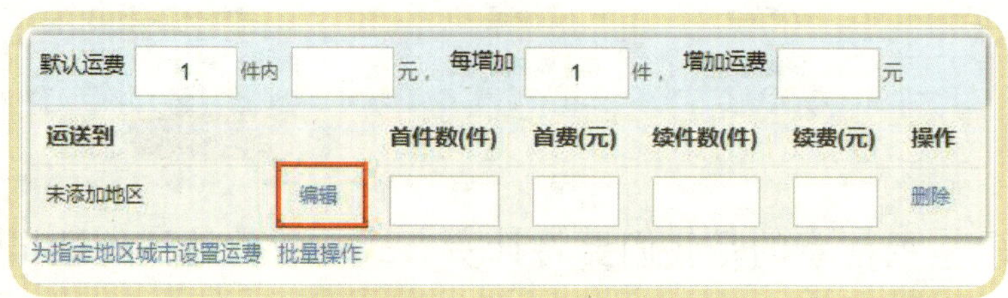

点击“为指定地区城市设置运费”后就可以选择城市了，点“编辑”，然后根据合作快递公司给的计费标准，分别将计费方式一样的地区勾选出来。

选择区域 ×

华东	上海(1)	江苏省(13)	浙江省(11)
	安徽省	江西省	
华北	北京	天津	山西省
	山东省	河北省	内蒙古自治区
华中	湖南省	湖北省	河南省
华南	广东省	广西壮族自治区	福建省
	海南省		
东北	辽宁省	吉林省	黑龙江省
西北	陕西省	新疆维吾尔自治区	甘肃省
	宁夏回族自治区	青海省	
西南	重庆	云南省	贵州省
	西藏自治区	四川省	
港澳台	香港特别行政区	澳门特别行政区	台湾
海外	新加坡	马来西亚	澳大利亚
	新西兰	美国	加拿大
	韩国	日本	其他

保存　取消

要注意的是我们要将计费方式一致的地区勾选出来，因此是分批次的勾选。当我们设置好一个地区的运费以后，我们再次点击“为指定地区城市设置运费”新建一个计费栏。在新的计费栏中，我们前面勾选过的地区城市就无法再勾选了。

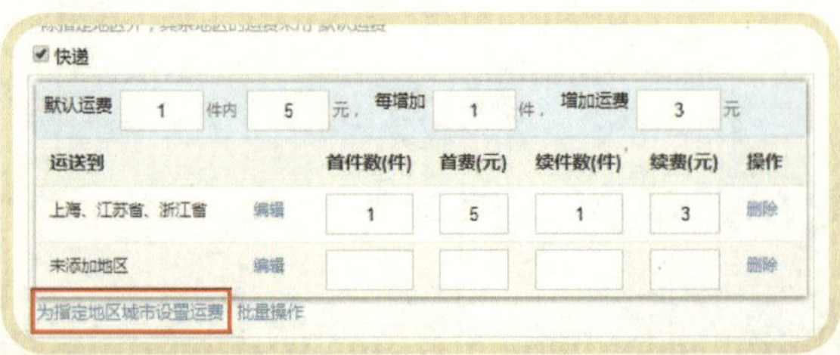

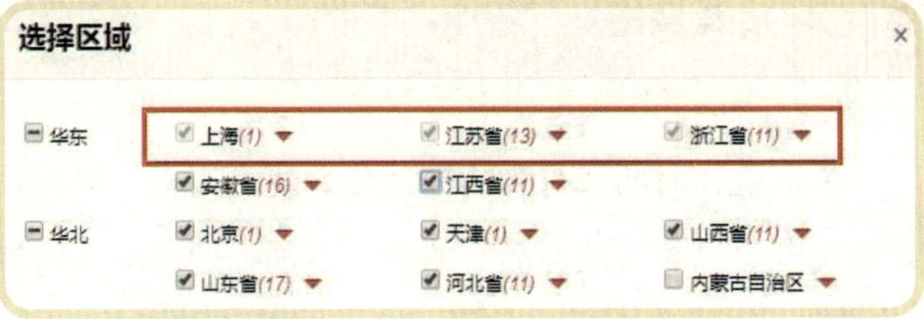

设置好运费模板后，我们点击保存模板。如果以后我们需要修改，还可以在页面上点击“修改”按钮进行修改。

韵达 最后编辑时间:2020-06-18 01:43 复制模板 | 修改 | 删除

运送方式	运送到	首件(个)	运费(元)	续件(个)	运费(元)
快递	中国	1	5.00	1	3.00
快递	北京,天津,山西,安徽,江西	1	6.00	1	4.00
快递	上海,江苏,浙江	1	5.00	1	3.00

产品售后：

产品的售后和详情页一样关乎转化率的提升，买家习惯在选购商品时关注评论区留言。买家关注售后体验，如物流、退换货、使用效果、实物展示等核心问题。

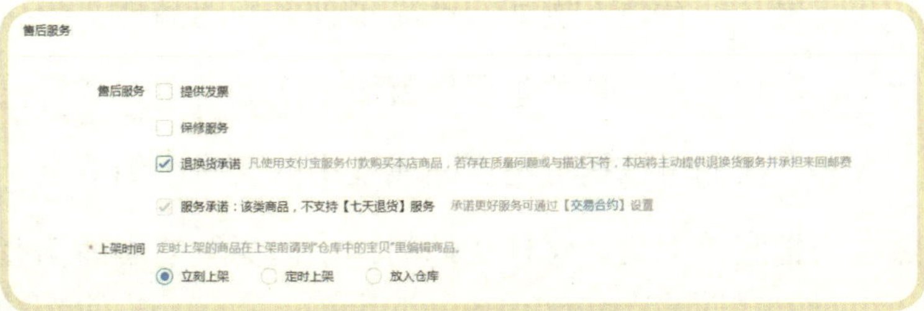

第八节 店铺装修

（一）店铺定位

买家购物时间和行为的碎片化，使得买家“更有效率地买到自己想要的商品”的意愿更加强烈。网络销售平台的个性化推荐技术，使得店铺未来发展的核心是“小而美”。

首先给大家剖析一下“小而美”这三个字，“小”是细分、“美”是特色。想要做出一家小而美的店铺的话就必须要从这两个字去剖析。

“小”是细分，我们可以从使用场景、人群属性进行细分。搜索一下相关产品的店铺，去寻找这些同类商品店铺的细分地方在哪里，我们要从中学习。除了产品以外，还要从店铺的装修风格、叙述的特点、关联的人群画像中去挖掘一些细分的点，从而借鉴在我们店铺的图片上、店招上，在装修风格或颜色搭配上体现这些细分的点，定位出一个有小而美特色的店铺。

“美”是特色，例如农产品多种多样的品种、产品特征、产地特点、种养过程等就属于产品特色。从特色上入手，我们可以挖掘出产品属性中的某一个细节点，然后去把它放大化，这样我们的“小而美”的店铺就会慢慢地成型。

（二）店铺排版

店铺首页是店铺中流量最大的地方，因此这个地方要展示店铺中最为重要的信息。

我们首先要排版搭建出一个基本框架，选择重点展示的内容，再通过淘宝旺铺装修填充进产品和活动模块。以手淘店铺为例，一般店铺首页框架中要包含的元素有：店铺 logo、搜索栏、导航栏、活动区、优惠券、热销区等，根据店铺实际情况依次填充。

1. 店铺 logo（店招）：logo 是店铺以及品牌的核心点，让进店买家第一眼就能知道店铺销售的是什么产品。对于没有品牌或者 logo 的新店卖家来说，这一部分可以换成店铺介绍等信息。

2. 搜索栏：可以帮助买家快速搜索到店铺中他们有意向的商品；也可以设置店铺热门推荐词，增加商品曝光度。

3. 导航栏：店铺产品分类以及活动概述。

4. 活动区：包括海报和店铺其他活动，如优惠券、店铺关注引导等的展示，这个一般是位于店铺首页顶部明显位置，以在第一时间抓住进店买家的眼球。

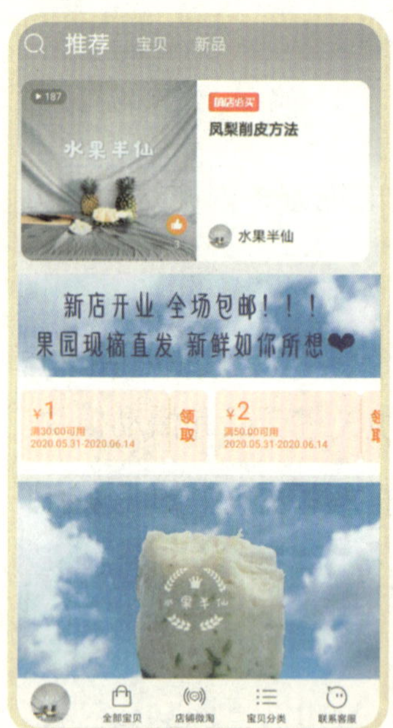

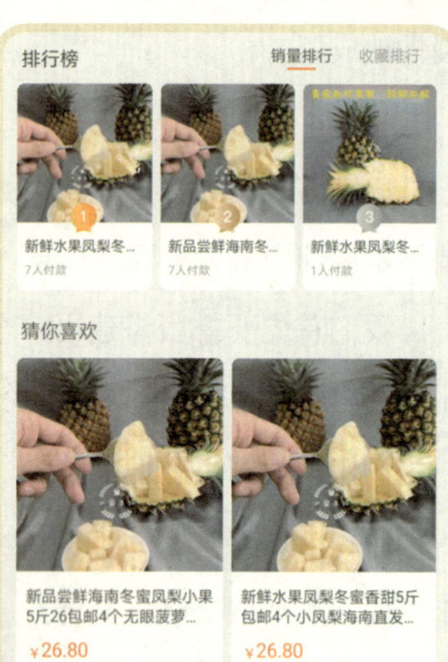

推荐 宝贝 新品
水果半仙
凤梨削皮方法
水果半仙
新店开业 全场包邮！！！
果园现摘直发 新鲜如你所想
¥1
满30.00可用
2020.05.31-2020.06.14
领取
¥2
满50.00可用
2020.05.31-2020.06.14
全部宝贝
店铺微淘
宝贝分类
联系客服

排行榜
销量排行
收藏排行
新鲜水果凤梨冬...
7人付款
新品尝鲜海南冬...
7人付款
新鲜水果凤梨冬...
1人付款
猜你喜欢
新品尝鲜海南冬蜜凤梨小果5斤26包邮4个无眼菠萝...
¥26.80
新鲜水果凤梨冬蜜香甜5斤包邮4个小凤梨海南直发...
¥26.80

推荐 宝贝 新品
COUPON
10
Click here
COUPON
20
Click here
COUPON
30
Click here
新 鲜 水 果 线 上 直 销

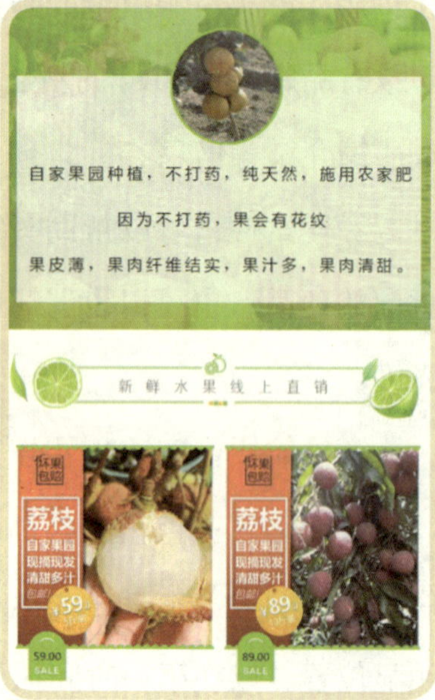

自家果园种植，不打药，纯天然，施用农家肥
因为不打药，果会有花纹
果皮薄，果肉纤维结实，果汁多，果肉清甜。
新 鲜 水 果 线 上 直 销
荔枝
自家果园
现摘现发
清甜多汁
¥59
59.00
SALE
荔枝
自家果园
现摘现发
清甜多汁
¥89
89.00
SALE

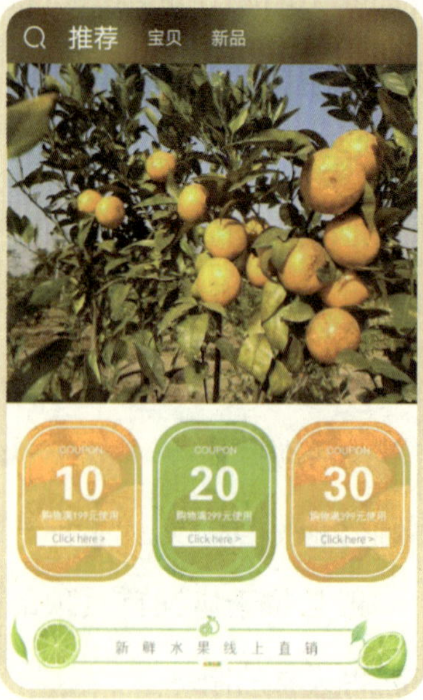

5. 热销区：优先展示店铺中的热销商品或者新品，让进店用户能快速注意到这些商品并点击浏览。

（三）店铺装修方法

1. 突出风格

每个行业都有一定的风格特征，每种风格特征都有一定的外观特点，我们在做店铺装修时也要注意这一点。虽然没有固定的模板或者装修风格，但是由于我们自身对特定行业的认识会影响到我们对事物的判断和选择，在店铺装修之前，一定要多了解相似店铺的装修风格，在此基础上，我们可以选择相应的颜色和插图来进行装修设计。比如，火龙果适合用比较舒适的红色调来强调成熟度，而芒果则使用黄色和绿色来引起买家的购买欲望。

2. 简洁时尚大方

店铺首页要尽可能的简洁明了，切忌使用过多的色彩搭配，也不可在首页中添加过多的模块，以免显得累赘且繁杂，用户体验效果不好。对于店铺首页的关键图片，在使用边框和线条时要尽量干净，不要使用不太匹配的色块。页面上应该留有空白，让视线有路可走。要特别注意照片水印的制作，不要到处添加水印。

3. 照顾买家的浏览体验

现在越来越多的买家会选择手机端浏览购物，比起电脑端大屏幕我们可以塞进更多的东西，手机的小屏幕就要求我们在图片排版、字体大小、图片高度尺寸等视觉的交互设计上更要人性化。手机淘宝端店铺页面和电脑端店铺页面最好是分开制作，内容要做到贵精不贵多，减少买家等待加载的时间，对于文字和图片介绍，尽量能兼顾到小屏幕手机的浏览体验。

（四）店铺装修具体操作

1. 打开千牛卖家平台，找到“店铺管理”下的“店铺装修”，点击进入。

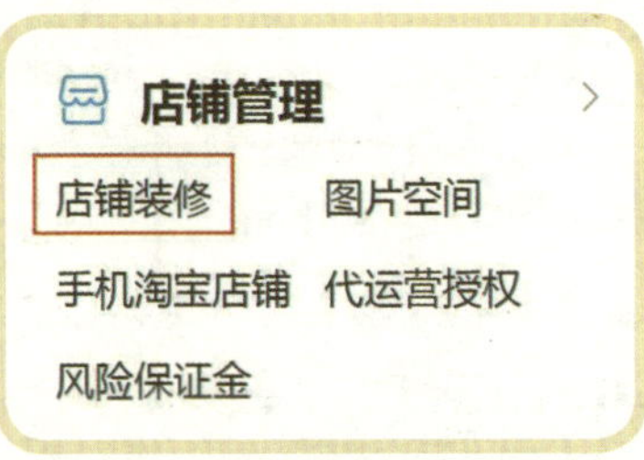

2. 点击上方栏目的“店铺装修”。

3. 由于目前手机端是流量的主要来源，我们优先讲解手机端的装修。手机端的装修内容和电脑端的装修大同小异。我们选择“手机端”装修。

4. 我们需要新建一个首页，点击“新建页面”。

5. 对于新手卖家，如果没有专业的美工经验，我们推荐使用官方给我们提供的店铺模板。选择左边栏目的“模板”，找到“官方模板”点击选用。

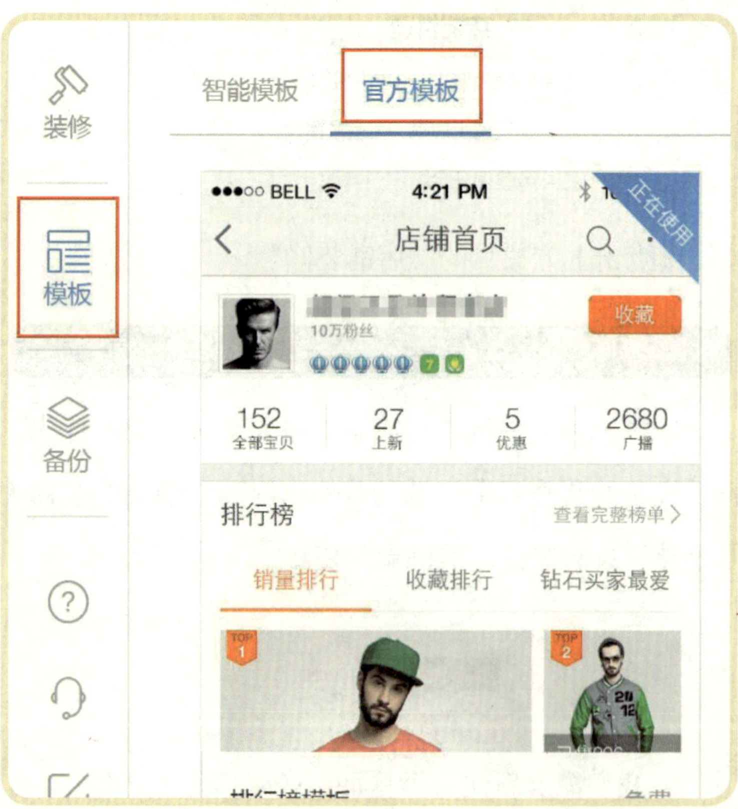

6. 这时我们看到淘宝平台的人工智能已经把产品自动填充进我们的模板了。

7. 我们看到左边的工作区域内有一些页面模块的选项。这些辅助功能选项是平台帮助我们卖家留住买家，拉动销售的工具。合理组合、利用这些工具可以打造小而美的店铺。我们先了解一下“智能人群类”。

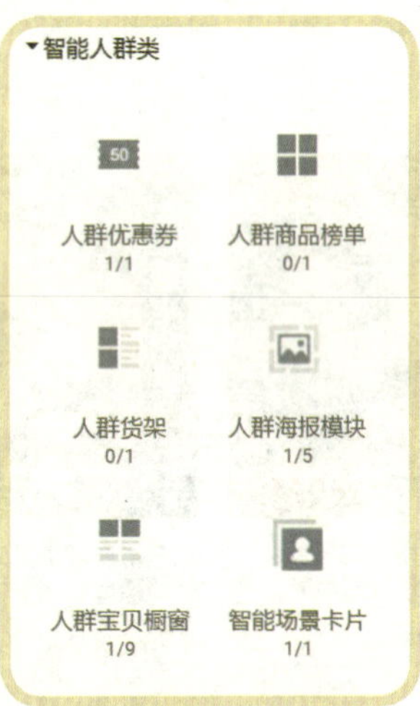

智能人群是将我们这些场景功能进行分类的投放。我们添加这些功能的方法是将鼠标移至功能上方，按住鼠标左键不放，将其拉动到店铺页面预览中，然后放开鼠标左键即可。

我们点击选择刚刚拖入的“人群优惠券”模块，在页面右方的提示框中，填写我们对新客人和老买家发放优惠券的条件。根据我们设置的条件，系统会自动匹配合适的客人进行优惠券发放。

8. 这些模块功能各异，卖家需要根据自己的需求去添加，并不是每个功能都要用上。最适合的才是最好的。

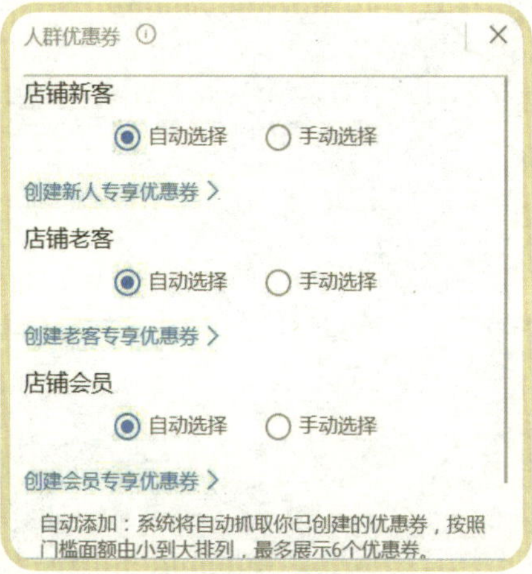

人群优惠券 ⓘ ×

店铺新客
◉ 自动选择 ○ 手动选择
创建新人专享优惠券 >

店铺老客
◉ 自动选择 ○ 手动选择
创建老客专享优惠券 >

店铺会员
◉ 自动选择 ○ 手动选择
创建会员专享优惠券 >

自动添加：系统将自动抓取你已创建的优惠券，按照门槛面额由小到大排列，最多展示6个优惠券。

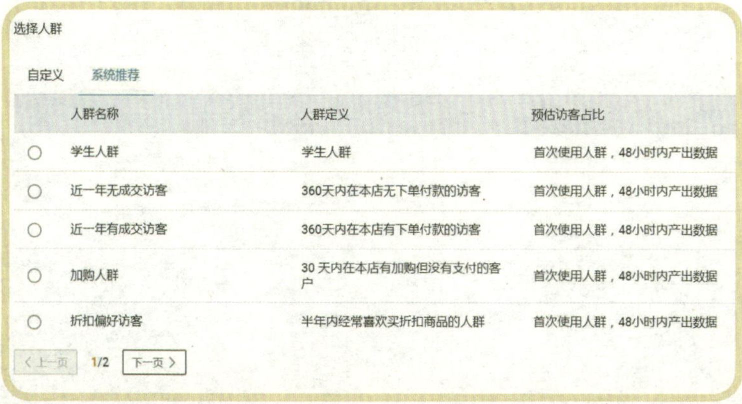

选择人群

自定义 系统推荐

	人群名称	人群定义	预估访客占比
○	学生人群	学生人群	首次使用人群，48小时内产出数据
○	近一年无成交访客	360天内在本店无下单付款的访客	首次使用人群，48小时内产出数据
○	近一年有成交访客	360天内在本店有下单付款的访客	首次使用人群，48小时内产出数据
○	加购人群	30 天内在本店有加购但没有支付的客户	首次使用人群，48小时内产出数据
○	折扣偏好访客	半年内经常喜欢买折扣商品的人群	首次使用人群，48小时内产出数据

< 上一页 1/2 下一页 >

第四章

店铺推广

第一节 店铺推广运营基本概念

产品的运营知识是我们必不可少的武器。运营知识可以帮助我们通过更高纬度的视角去寻找我们前进的方向。以淘宝平台为例，我们可以将淘宝看作是一个图文形式的无人货架，买家购买产品的过程分为四个步骤：

（一）产品被买家看到

淘宝平台上把买家匹配到产品的算法是基于文字匹配，即买家通过搜索关键词匹配到相关商品。由于淘宝的商品数量非常庞大，因此匹配到的商品还会有排序。通过搜索关键词匹配到的商品，淘宝给出的排序是基于商品权重。商品权重包括的因素很多，有商品 30 天内的销量、商品加入购物车的人数、商品加入收藏夹的人数等。当大量的相关商品被检索到的时候，买家往往会选择优先检索到的商品，而不会花大量时间去翻找。因此淘宝切分了消费场景，通过多种消费场景给商家提供更多的展示机会。如微淘、有好货、每日好店、淘直播、直通车、极有家等。

（二）买家对产品产生兴趣

当产品被买家检索到的时候，必然是很多同类型的产品同时被检索到，买家会选择他们最感兴趣的产品。

买家在商品检索页面会优先看到三个方面的内容：商品头图、商品价格、30 天内的购买数量。商品头图内容大概率地决定了我们能否吸引住买家。我们需要注意的是，据统计，买家浏览商品头图花费的时间不到三秒，因此我们需要在商品头图上提供买家最感兴趣的信息内容。以农产品为例，商品的包装、运输方式、商品价格、商品品种是买家最关心的问题，我们需要提炼这些信息，优先在头图中展示出来。商品头图同质化是做运营不得不面对的问题，在头图设计上，我们不仅需要突出产品，同时还要凸显差异化，尽可能地让买家对我们的商品产生兴趣。商品价格同样是运营必须面对的问题，我们需要在利润和价格之间寻找平衡。价格是吸引买家的一个重要门槛，我们可以类比同类商品的销售价格。定价并不是越低越好，毕竟我们的生产产品需要产生价值，不必要进行恶性的商业竞争。定价

也不是越高越好，定价太高就吸引不来买家。我们可以在同行业中寻找一个合适的中间定价，通过差异化锁定我们的买家，比如差异化包装的重量；对产品质量进行切分，如提供甜度等信息；对产品进行增值，如赠送一些相关的小物件等。

（三）买家对产品产生购买欲望

当买家进入我们店铺以后，淘宝平台提供的详情页工具便是希望能引导买家产生购买欲望。我们首先需要换位思考，假如你是买家，那么你希望选购什么样的商品。我们需要以一种利他思维进行思考，以芒果为例，

买家购买芒果是为了获得营养、获得更好的食用体验，从而获得更健康的身体和更高的生活质量。那么他们在选购商品的时候，会比较在意商品的甜度、口感、化肥农药残留、商品成熟度、商品的包装、运输、售后这些问题。因此我们需要通过详情页展示我们的商品，引导

满眼的诱惑 口水直流
金黄的果肉，香甜的汁水想想都十分甜蜜
肥厚饱满
果香浓郁
甜嫩果肉

营养成分
NUTRIENT CONTENT
金煌芒维生素C高于一般水果，含丰富的膳食纤维和胡萝卜素健康美味营养丰富
✓维生素A ✓膳食纤维 ✓维生素C ✓胡萝卜素

EATING TIPS
套袋和不套袋区别
不套袋
套袋
因为果子套袋子不见阳光,果皮是淡黄色的，不套袋的芒果,果皮都是青色的,但!我们帮你们都尝试过了味道一样,所以我们随机发货

01
自然熟 不催熟 不打药
我们坚持树上自然熟，不催熟，不打膨大剂，让你品尝到新鲜美果。

买家产生购买欲望。作为一个食品类的详情页，不但商品要让买家感觉可口，详情页里面的文字也应该是“可口”的。

02
喝自然山泉水
依靠自然流淌的山泉水灌溉，水质好，
无污染，给你健康好果。

03
施农家肥
吸收无污染的农家肥，不使用除草剂和农药
让你吃的放心。

（四）购买

当商品被买家收藏或者加入购物车，说明买家已经产生了购买欲望。为了促成这些在收藏夹或购物车的商品实现交易，淘宝平台给出的方案是“促销节点”，即我们看到的大大小小的购物节，如“6·18”和“双十一”等。我们可以发现一些大型的购物节点已经不单指某一个平台的活动，而是全社会的一种动员，不单是线上的各个平台，包括线下的商场都会加入进来。而全社会促销节点的降价活动，推动了商品的变现。

LOGO
618
狂欢购
全场低至5折起
FOLD THE WHOLE FLOOR DOWN TO 50%
2020年6月18日
6月18日00:00－6月19日24:00

618
年中大促
全场五折起
活动期间大优惠
限时抢购！
5折好货
限时抢购
年中狂欢价·优惠享不停
400-000-0000

11·11
欢乐购
全场五折钜惠
领券购买更优惠
¥30
满199元可使用
立即领取
¥50
满499元可使用
立即领取
¥80
满999元可使用
立即领取

疯狂双11
11.11-11.12 限时抢购
纵享双11 聚惠狂欢趴
每满300减30 上不封顶

第二节 从同行中学习

自互联网行业出现，一直有一个“红利”，即信息复制的成本为零。我们并不是要从同行的手上复制他们的图和文字，而是需要学会借鉴和参考。多观摩学习对手，会少走很多弯路，比起闭门造车进步会大很多。

（一）确定关注对象

在淘宝主页的搜索栏中，不但可以搜索到想要购买的产品，还可以搜索到相关的店铺。下面我以销售龙眼的店铺为例进行讲解。

步骤 1：鼠标悬停在“宝贝”处，左键点击下拉菜单中的“店铺”，在搜索框中输入“龙眼”然后进行搜索。

步骤 2：这时会出现很多相关店铺给用户选择。可以看到不但店铺很多，店铺内相关的商品也被罗列了出来。选择一些定位相似，商品相关的店铺进行收藏，以便日后参考学习时使用。

（二）关注对手店铺内容

关注对手店铺，参考竞争对手店铺的相关信息，寻找商机。查看的相关内容主要有以下几点：

店铺商品：了解同类型商品的价格、运费。

买家评论：了解买家需求和买家喜好。

店铺公告：了解店铺目前的促销手段，如赠品、优惠券等。

热卖产品：了解店铺目前主推的商品。

除此之外，还有很多需要学习的内容，如店铺装修、产品分类、详情页介绍等，都需要仔细揣摩，进行选择性吸收。

（三）收藏同行店铺

收藏店铺具体操作如下：

1. 打开店铺主页，鼠标悬停至图标处，网页会跳出店铺信息，然后点击“收藏店铺”。

2. 点击“确认”，弹出对话框“成功加入收藏夹”收藏成功，作为卖家，我们会同时关注多家店铺，这时就需要将关注的店铺进行分类以方便查找。

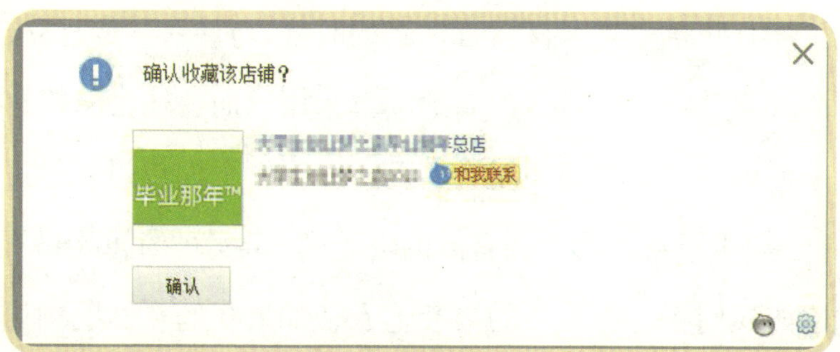

3. 点击“分类到”，新建一个分类文件类目，输入一个类目名称然后点击“创建”。

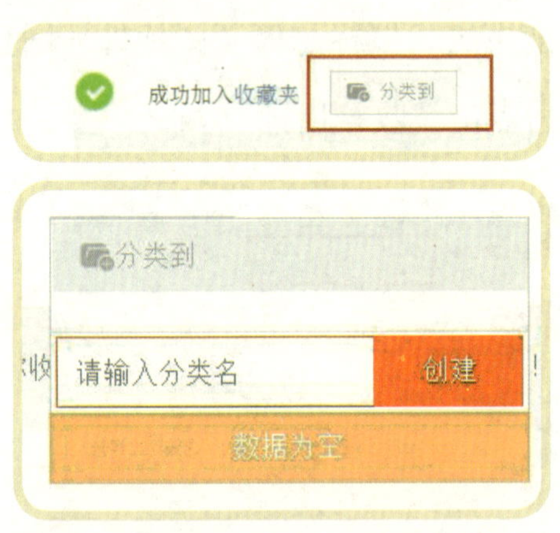

第三节 标题优化让更多人看到

在运营目标中首先是要求商品被看到，而设置标题的根本目的就在于使用户能通过搜索关键词匹配到商品。因此标题优化是运营的一个重要环节，目的是让商品可以匹配到更多的相关用户。

有些新手卖家在设置标题的时候，直接把行业热搜词或者是淘宝搜索指数高的词拿来用，而往往会忽略这个词语和产品的相关度有多高，以为一个词热门就是好词，搜索指数高就会拥有高的曝光度。事实真的如此吗？比如我们卖一件儿童的男装上衣，如果我们在标题中用上“大码女装”这个关键词，这是没有效果并且是有负面作用的，确实都是服装，但是这个词与我们的商品是没有相关性的，我们不能拿来用，即使它的搜索热度很高也不行。因为这个词虽然是热门词，但是和我们的产品八竿子打不着，所以我们使用以后是没有任何帮助的，淘宝也不会展示给用户看。

在进行标题优化之前，首先要做的一步就是分析标题中的关键词，由于标题中的关键词并非全部都需要更换，所以，要先对标题中所有的关键词进行数据分析。通过分析，将原先数据较好的关键词保留，将数据不是太好的关键词进行替换。卖家可以通过淘宝免费的搜索功能轻松找到这些数据。

我们应该如何优化好一个标题呢？

我们首先得了解系统喜欢什么样的标题，只有系统喜欢的标题，系统才会展现给买家，从而买家才能查看到我们的产品。淘宝搜索引擎喜欢权重高的词，那何为权重高的词？

我们可以通过下面这张图来学学什么样的词才是权重高的词。

在淘宝搜索框中输入我们淘宝的主关键词“芒果”，

宝贝 天猫 店铺

芒果

芒果 新鲜 10斤
芒果干
芒果电视tv
芒果干500g
芒果新鲜 特大
芒果苗树
芒果发夹
芒果干包邮 三只松鼠
芒果汁
芒果黄t恤

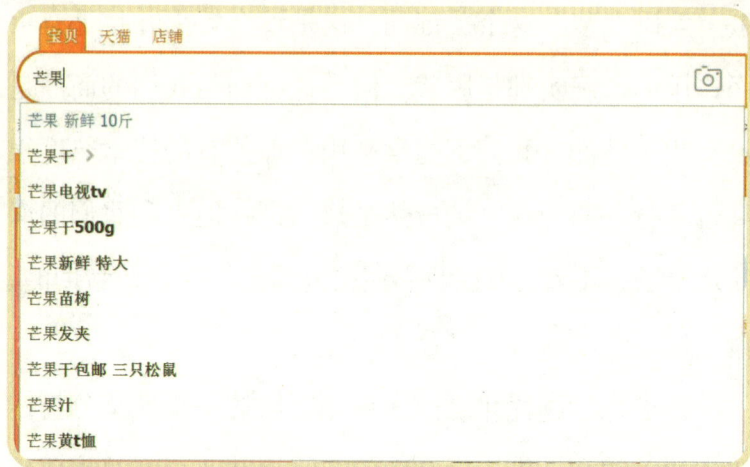

不管是电脑端的淘宝还是移动端的淘宝，都可以用这个方法。输入主关键词后下拉框会出现一些词，这些词就是淘宝热门词、权重高的词，正因为搜索的人多了，淘宝才会自动帮买家显示出来，以方便他们搜索。当然了，或许对我们来说，“芒果”这个词太大，太宽泛了，还不够精准，那么我们可以输入更加精准的词。比如：输入“芒果 新鲜”，这个时候又会扩展出一些其他的词，我们又可以对这些词进行分析。那么这么多词怎么挑选合适我们的呢？有两个地方需要我们注意，第一就是要找那些和我们的商品关联性比较强的词，以及能更准确地描述我们的商品的词，第二就是这类词找出来后还是很多，那这时候我们怎么挑选呢？选一个备选词（就是我们觉得这个词比较适合作为我们产品的标题），点击

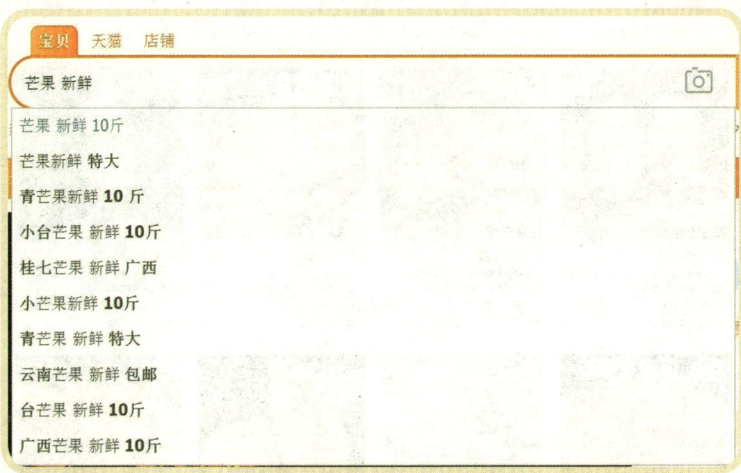

搜索进入产品页面，这时候会出现很多产品。

我们先看首页产品销量（按销量从高到低排序），这些产品就是这个关键词下我们需要面对的竞争产品，所谓“知己知彼，百战不殆”。一开始，更多地建议选择那些不是最高销量的关键词，比如有些词点开来看首页销量有几万的，也有几千的。我们如果一开始就选择这类最热门的大词，那可能效果会没那么好。这很容易理解，选词就是选竞争对手，我们要确定好该时期的竞争对手。我们在不同时期选不同的词就是选不同的竞争对手。选该词我们产品卖得比同行好，就说明该词下我们产品的权重大。

总的思路是这样的，一开始选用那些点开后销量并不是特别高的小词，比如首页就几百至一千的销量的这

类词。这代表着我们选择的竞争对手不会太热门，我们产品的排名就不会太靠后。等后面我们的产品有了销量的时候，再用一些大词替换掉原来的小词。这时候就代表我们要与比较强的竞争对手去竞争淘宝搜索量比较大的词了。没有一个标题可以从产品上架到产品成为爆款不做任何修改，也没有一个词是最好的词，只有适合当前我们的产品的词，合适的才是最好的，所以才需要“优化标题”。

一句话总结就是：新品应该搭配更多竞争比较小的词，成为爆款后再提升应该搭配更多的流量大词。

标题优化需要注意的点

我们现在已经知道如何选词与调整，那这其中有什么地方是需要我们注意的？

1. 标题的可读性

标题的可读性是为了什么？就是为了让买家知道我们卖的是什么商品，它有什么特点。而买家看到我们的标题的时候肯定也会看到我们的产品主图，如果我们的产品主图已经可以很明显地表达出这个商品是什么，有什么功能了，那么我们标题的可读性就变得没那么重要了。但是，如果商品主图不能很明确地体现出商品到底是什么，那么这时候，标题的可读性就变得重要起来。

2. 复制淘宝搜索出来排名靠前的商品的标题

适合别人的不一定就适合自己，优化标题只能自己去找关键词，对比后选择合适的，如果直接复制别人的标题，那我们的产品会直接与这类权重高的产品竞争。并且这类标题肯定很多，所以我们这样做是获取不到更多流量的。这方法不可取。

3. 随意地删减、更改标题

标题一经确定，我们就不应该随意地去做更改。当我们要更改的时候，要有标题的数据支持作为参考，比如哪些是流量词，要是这个词本身是带给我们产品流量的词，而且这个词还是我们产品的核心关键词，那么改动了本身有流量的关键词，会让我们的产品突然失去流量，进而没有人点击购买。还有我们不能修改太多次，修改的频率也不要太高，一周最多2次，修改太频繁会被淘宝降权。

我们现在知道了怎么选择一些词作为产品的标题，也知道了在标题优化中哪些是需要我们注意的事项。接下来就需要我们去实践了，只要我们用心写好每一个标题，优化好每一个标题，淘宝的自然搜索流量也会随着提升，店铺的成交也会随之而来。

第四节 淘宝推荐规则

（一）权重

意大利经济学家帕列托在对19世纪英国社会各阶层的财富和收益进行统计分析时发现：80%的社会财富集中在20%的人手里，而80%的人只拥有社会财富的20%，这就是“二八法则”。“二八法则”反映了一种不平衡性，但它却在社会、经济及生活中无处不在。通过这一经济学原理去理解平台对流量的分发，不难发现其同样是遵循这一规律。头部 20% 的商家获得 80% 的流量，越是优质的商家越能获得平台流量的倾斜。权重是平台对商家和商品获益能力的一个衡量，权重越高获得平台的支持也就越多。权重分为店铺权重、单品权重。

（二）淘宝计算权重的周期

淘宝计算权重是周期性的，以周和月为考核段，7 天为一个小周期，28 天为一个大周期。

在 7 天的小周期里，产品越临近自然下架时间则权重越高。举例说明，一个产品是 10 号 9 点上架的，那么 17 号 8—9 点这个区间就是这个产品权重最高的时候，这个时候该产品的搜索排序也就达到这一阶段的峰值。每次编辑产品点击发布，就等于重新设置了一次产品的上架时间。

权重是有一定的惯性趋势的。举例说明，周一周二整体数据理想，周三流量才会提升，周四周五随着流量提升，但此时如果留存和转化的数据下降了，周六周日的时候，流量就会出现下滑。因此最终影响自然下架时间内权重排名的数据是在小周期内前 5 天的数据。

28 天为一个产品权重大周期（四周时间），淘宝采集数据是阶段性的，数据会影响到权重排名，如果某个产品28天的数据表现不理想，则其权重提升速度会减缓。而新产品数据是空白的，由于没有数据统计，因此影响权重的因素就相对简单。

（三）影响权重的因素

影响权重的因素有很多，具体分为5个大点：店铺基础因素、店铺的常规数据、店铺私域流量数据（老客户考察）、流量渠道的权重和单品权重。为了方便大家更直接地了解，我们做了一个思维导图。如下图：

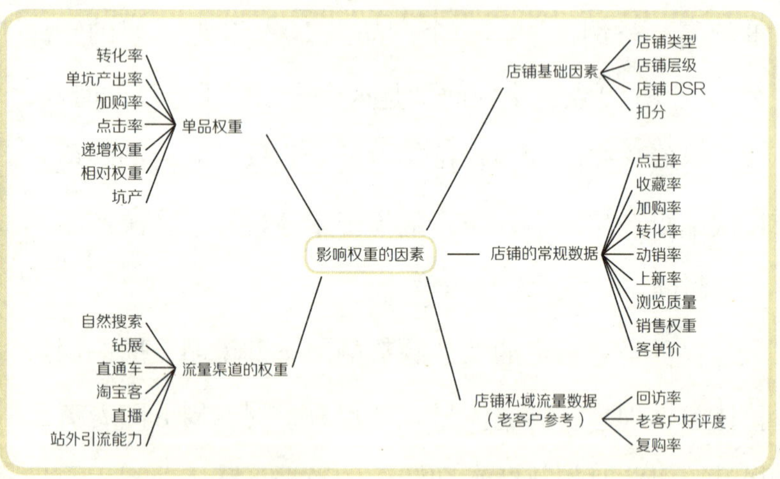

1. 店铺基础因素

（1）店铺类型

淘宝个人店和淘宝企业店、天猫店的权重是不同的，提供给平台的资质和信息价值越高，获得的权重自然越高。淘宝个人店权重低于淘宝企业店权重，而淘宝店权重低于天猫店权重。

某些特定类目的商家可以入驻“极有家”“亲宝贝”等栏目，入驻这些栏目不但可以提升产品曝光度，同时可以获取系统流量的扶持，自然也会相对提升权重。

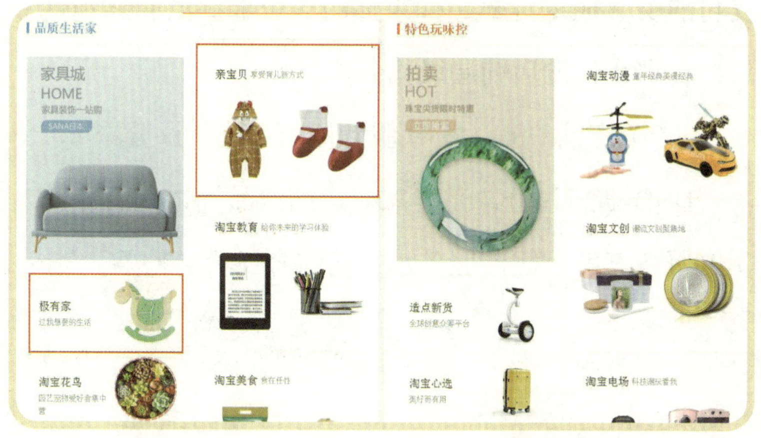

（2）店铺层级

淘宝店和天猫店，都包含店铺层级，最低层级是一层，最高层级是七层。顶部层级为七层，可以获得大量的流量倾斜。第一、二层级的卖家属于起步型，流量不多但是会有曝光。第三、四层级的卖家属于成长型，流量稳定，曝光量在同行业平均值水平线上下。第五、六层级的卖家属于爆发型，有一定量的流量倾斜。第七层级的卖家属于头部商家，会有大量的流量倾斜。

店铺层级每 30 天计算一次，根据店铺最近 30 天的

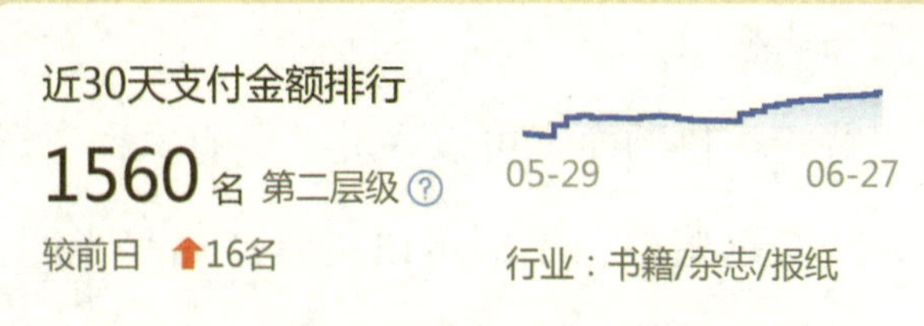

支付成交金额来计算，如果你的成交金额没有达到这个层级，那么你的店铺层级就会掉。

（3）店铺 DSR（卖家服务评级系统）评分

DSR 动态评分，是卖家对店铺产品描述是否相符、卖家服务态度、物流服务水平的综合评价。

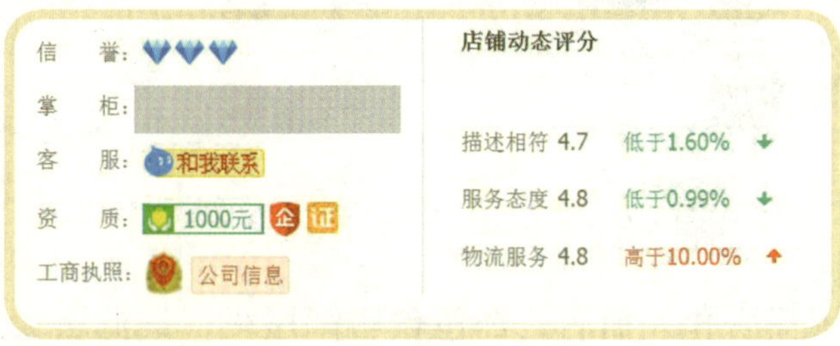

（4）扣分

一般违规（违反淘宝交易规则）会被平台扣分，影响单品权重。扣罚的评判标准比较多，因此必须要清楚了解平台运营的各项规章。严重违规包括售假和侵犯知识产权，淘宝对店铺售假处罚最严重，也比较严厉，如单品下架 7 天，这会直接影响到商品权重和店铺权重，在活动 / 金牌卖家的评比上被直接取消资格。这里要特别注意，一旦被扣掉48分，会导致店铺被封，平台将终止与卖家合作。

2.店铺的常规数据

点击率：点击率=点击量/展现量 ×100%，在产品销量相同的情况下，产品点击率越高，那么权重就越高，自然排名也会越高。

收藏率：收藏率=收藏数量/访客数 ×100%，收藏率越高，说明产品越受人喜欢，那么淘宝也会给予这种产品权重。收藏率属于人气指标，可以提升人气权重。

加购率：加购率=加购数量/访客数 ×100%，加购率越高，说明产品越受人喜欢。同收藏率一样，加购率属于人气指标，可以提升人气权重。

转化率：转化率=产生购买行为的客户人数/所有到达店铺的访客人数 ×100%。每个运营都知道最基本的公式：营业额=访客数 × 转化率 × 客单价，通过这个公式你就能了解转化率的重要性了。在相同销量的情况下，产品的转化率越高，权重也会越高。

动销率：动销率=动销的SKU（库存量单位）数/总SKU数 ×100%。动销率指的是店铺有销量的产品在上架的所有产品中所占的比例，以7天为一周期。动销率越高，店铺权重越高。

上新率：店铺上新品，可以让淘宝认定店铺是活跃的，不是僵尸店。上架产品在周期内（7天）上新产品就会给你一个上新率，能够提升店铺权重。

浏览质量：浏览质量包含浏览时间以及访问页面平均次数，浏览质量越好，说明我们的产品越受用户喜欢，这也是可以给我们加权重的。浏览质量基于我们对详情页的优化。

销量权重：是单品权重中比较重要的因素，想要综合排名靠前，销量需要快速提升。

客单价：平均每一个买家购买商品的金额。

3. 店铺私域流量数据

私域流量是店铺可以直接触达的用户，如常用的社群微信、微博粉丝、店铺粉丝等，店铺与粉丝的链接基于关系链。在获客成本日渐升高的网络时代，私域流量无疑已经是店铺成长的关键数据。私域流量用户转化成本更低，效率更高，影响权重加权属性也越重。私域流量加权重主要通过4个方面：回访率、老买家的好评度、复购率、买家交流平台互动指数。

4. 流量渠道的权重

引流能力影响权重，如淘宝客、直播、站外引流。

淘宝客是通过淘达人推荐的引流机制，是站内外引流的一个重要组成部分。

直播分为店铺直播和达人直播，店铺直播不但能与粉丝互动，也能引来新买家。达人直播，比如我们熟知的李佳琦、薇娅等直播红人的直播引流能力非常强，但从产品到运营的角度去思考，需要找到经济效益的一个平衡点。

站外引流包括微博、微信、淘外 APP（应用程序）。

5. 单品权重

转化率：分析对手整体产品转化率以及主要流量词转化率，以目标来优化。

单坑产出值：在转化率一样的情况下，客单价越高搜索权重倾斜越明显。

收藏率：引导买家收藏后再购买，可以提高权重。

加购率：引导买家加购后再购买，可以提高权重。

点击率：爆款点击率至少符合 PC 端点击率高于行业 1.5 倍或者高于竞品。

递增权重：订单递增趋势会获得加权。

相对权重：相对权重是在与行业数据以及竞争对标

单品的对比过程中产生的。

坑产：平台赋予商品展现位置的交易额。

平台之间如淘宝、腾讯、京东、拼多多、字节跳动之间也会有竞争，平台也是靠流量维持生存。因此当平台分发流量给用户的时候，同样要考虑流量的成本与产出。整体来说，越符合平台价值观的店铺获得的资源也就越多。流量产值高，为平台获得更多的站外流量的商家必然受到平台的喜爱。权重的构成看似非常复杂，其实本质上体现的是平台价值观和生存法则。

第五节 淘宝客

（一）什么是淘宝客

淘宝平台的流量可分为站内和站外两种，卖家要推广商品同样要去寻找流量支持。淘宝作为一个成熟度很高的平台，针对卖家站内和站外流量的获取都提供了相应的服务。直通车推广主要针对站内流量，而淘宝客推广则是为了获取站外流量。淘宝客帮助淘宝卖家推广商品并按照成交效果获得佣金。相比于直通车按点击收费，淘宝客计费标准是成交后卖家以提成方式向淘宝客支付佣金报酬。没有交易卖家则无须负担佣金，相当于为自己的店铺找到很多促销员。

淘宝客通过站外进行推广，通过成交获得收益。从流量角度来看，淘宝客必然有能量触达众多用户。从效率来看，淘宝客也会对卖家的产品、店铺进行挑选。信用好、产品过硬的店铺，可以提高成交量，从而提高他们的收入。因此本质上运营淘宝客和直通车相似，要优先做好店铺内的管理，先把店铺的信用、评价、经营数据做起来。

淘宝客包含了营销计划、如意投计划、定向计划、自选计划等活动计划，淘宝客活动又名“鹊桥”，顾名思义，意在搭建淘客与卖家之间的沟通推广桥梁。卖家在淘客创建的活动广场报名参加活动，淘客针对报名的商品进行筛选后再进行推广。活动可以公开给其他淘客，若选择公开，则当有其他淘客推广该活动，成交后获得的佣金要按一定比例给活动创建者。

（二）淘宝客的佣金

淘宝客每销售一件商品，都会获得店铺事先设置好的佣金。卖家不要一味地选择高佣金，还要考虑自身产品的销售价格。高佣金可以招揽到更多的淘宝客，但在产品同质化严重的网络市场，销售价格比同类商品高则意味着买家很可能会流失。因此卖家需要在价格和佣金之间寻找一个平衡点。

淘宝客的收费方式主要分为两种。

纯佣金模式：以售出后未产生退款的订单总额 × 佣金百分比来进行收费。比如通过淘宝客卖出 1000 元的产品金额，设置的佣金是 15%，那么卖家则需要付出 150 元的佣金费用。

佣金 + 服务费模式：以售出后未产生退款的订单总额 × 佣金百分比 + 订单量 × 单笔订单服务费来收费。不仅需要收取卖家设置的佣金费用，还额外加上订单的量的服务费用。比如通过淘宝客成交了 1000 元的金额，设置的佣金是 10%，则卖家需要付出 100 元的佣金；1000 元的金额是成交了 100 单，卖家设置的是每单 2 元的服务费，则需要付出 200 元的服务费，那么总的支出费用就是 100（佣金）+200（服务费）=300 元。

一旦发生退款，不管是售前、售中还是售后，所有的佣金都会退还给商家。淘宝客怎么操作都是卖多少收费多少，商家除去佣金的费用之外，其他的没有损失。当订单确认后佣金不是立马到淘宝客的账户中去，淘宝客的本月佣金会冻结，会在次月的 20 号进行结算，所

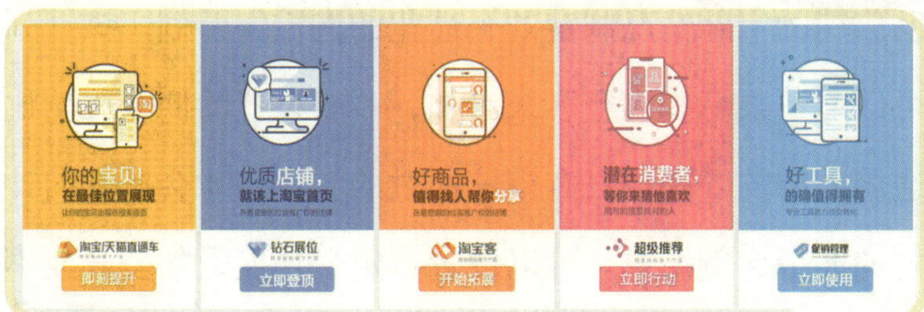

以只要在结算之前产生的退款都会退佣金。从第一次点击产生后，即使取消了淘宝客的活动，15 天之内产生的购买都算淘宝客的渠道。

计划管理
CPS计划管理
营销计划
自选计划 选淘宝客

（三）参加淘宝客推广

淘宝客的各种推广计划：

1. 通用计划：淘宝客的基础推广计划。如果开通了其他计划，则默认设置开启最低佣金的通用计划，打开后是不能关闭的，除非退出淘宝客服务。通用计划是淘宝客单独获取某个产品或店铺的推广地址并发送到淘宝网以外的地方，如推广到自己的网站、微博、博客、微信、QQ 等。

2. 定向计划：自主定制的推广计划，即卖家根据自己店铺的实际情况制定的个性化的淘宝客计划。该计划可以邀请某一些淘宝客来参加，一般设置的佣金比例比通用计划的要高。只有审核通过的淘宝客才会按定向计划的佣金比例结算。可以设置自定义功能，如公开或不公开、自动或人工审核等。定向计划开启 7 天后可暂停计划，计划暂停之后可以删除。定向计划一旦删除，无法恢复，所以请确认是否要删除计划后再进行删除操作。

3. 如意投计划：是系统根据产品的综合情况以及佣金比例进行匹配，由系统精准投放某些特定页面投放的计划。 它是一种个性化千人千面展示的推广渠道，主要投放在站外合作媒体广告。它不仅会抓取你的淘宝搜索习惯，还会抓取你的网页搜索喜好，然后推广产品。

排名指标：佣金越高，获得的展现次数就越多；你的产品最近 1—2 周的数据，决定了其未来的展现次数；你从如意投计划获得的数据越好，反馈给你的展现机会就越多。建议把如意投计划都打开，它获得的都是真实的

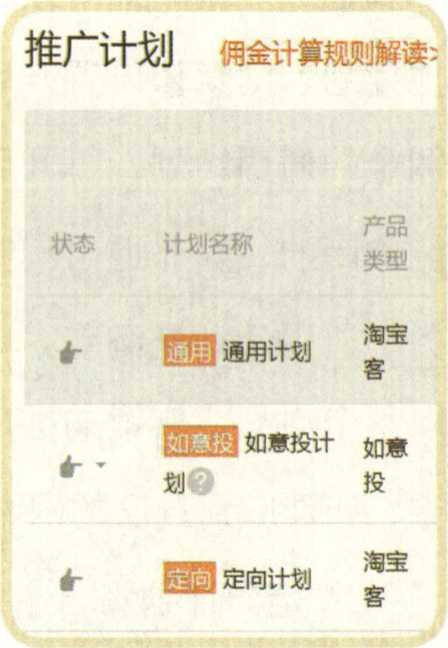

推广计划 佣金计算规则解读

状态	计划名称	产品类型
	通用 通用计划	淘宝客
	如意投 如意投计划	如意投
	定向 定向计划	淘宝客

流量。它是系统自带的计划，无法彻底删除，若不再使用如意投计划推广商品，可以选择暂停投放该计划。

4. 营销计划：支持单品推广的计划，可以自主选择想要主推的商品，设置推广时间和佣金比例，佣金比例要求比通用计划设置得高一些。

团长招商活动：团长是为服务商家在淘宝客业务线进行营销推广的第三方服务方，可帮助商家进行确定性合作的营销推广。团长发起的招商活动，会在“活动—团长招商活动”中展现，同时会展现团长的服务能力，商家可对感兴趣的活动进行报名。各计划之间是不冲突的，不会重复计算佣金。通过哪个计划推广成功，佣金就按照哪个计划里设置的比例执行。

第六节 直通车

直通车是淘宝提供给卖家的付费推广方式，是按点击付费的效果营销工具。直通车广告每被点击一次，卖家就要付给淘宝一定的广告费用，没有点击则不付费。淘宝直通车具有广告位极佳、广告针对性强和按效果付费的三个主要优势。直通车经过多年成长，已经成为淘内推广非常重要的一个工具。这也是目前大多数卖家都在使用的一个工具，因为它能够实实在在地给卖家带来流量，能立即看到效果。

（一）直通车的展示位置

直通车作为为卖家推广量身定做的工具，其广告位置极佳，在淘宝网的多处都能有优质展示位置。

1. 在淘宝搜索某个商品的时候，在搜索页面的右侧会看到直通车的广告展示。

2. 在淘宝搜索某个商品的时候，在搜索页面的底部会看到直通车的广告展示。

（二）直通车的优势

1. 运营的首要环节就是产品展现量，因此必须要提升产品的曝光率，这样才能够让更多的买家看得到，才有希望让他们点击进入了解产品。通过直通车提供的优

店铺推广

质展示位置，能增加产品的曝光量。基于淘宝的权重算法，还能够提高产品权重，提升产品的排名，进而为产品带来更多的展现机会。

2. 直通车基于关键词匹配，并且通过买家的搜索习惯，将产品匹配和推广给买家群体。阿里巴巴公司将用户的兴趣、习惯等行为标签化，同时也将卖家产品特点标签化，基于大数据算法将双方标签进行匹配，因此通过直通车匹配到的用户非常精准。开直通车就给商家们引入了最精准的流量。

3. 直通车能提升产品和店铺的权重，虽然卖家推广的是单个产品，但很多买家都会进入店铺里去看一看，一个点击带来的可能是多个成交，从而带动店铺其他产品的销量，使店铺人气逐渐提高。这是直通车推广的最大优势。

4. 可以在展示位上免费展示产品，买家点击才付费，可以自由设置日消费限额、投放时间、投放地域，有效控制花销，合理掌控自己的成本。其实这就是卖家在为效果买单，而不是一开始就得出钱。

（三）使用直通车

1. 进入千牛卖家平台，找到“营销中心”，点击“我要推广”。

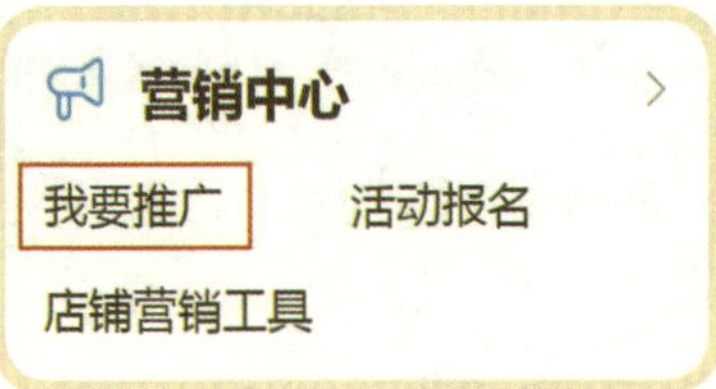

2. 找到“淘宝 / 天猫直通车”的图标，点击“即刻提升”。

3. 进入直通车页面，新建一个推广计划。

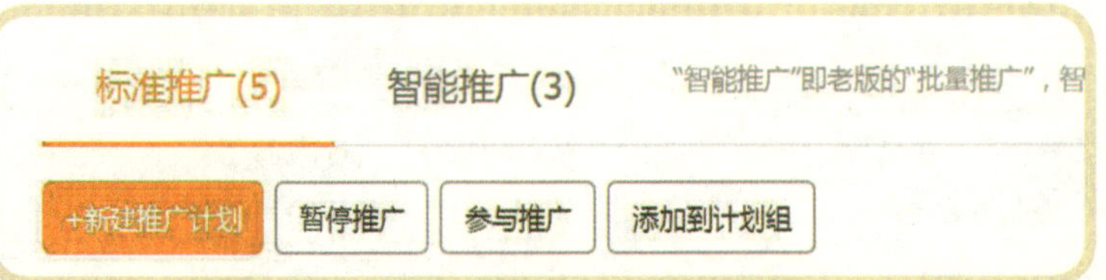

4. 有两种推广计划：

标准推广：基于关键词竞价排名的推广方案。

智能推广：基于系统建议关键词匹配竞价的推广方案。

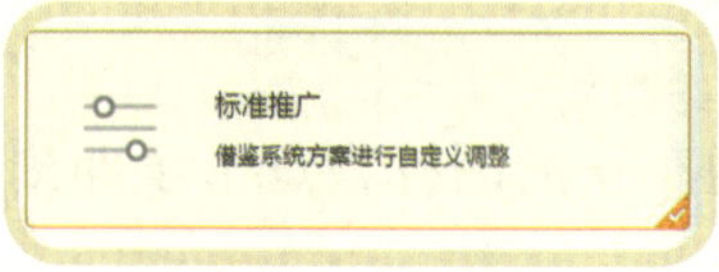

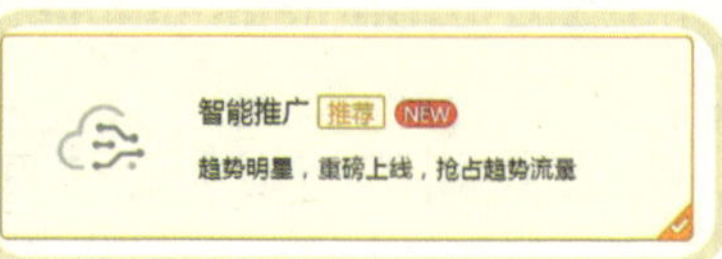

对于新手卖家来说，标准推广方案比较复杂，因此直通车推出了智能推广方案。智能推广方案没有太复杂的操作，也没有复杂的人群标签设置，出价都是采用系统推荐的价格，非常适合新手使用。

5. 营销目标选择

直通车“趋势明星”是以买家感兴趣的趋势元素进行切入，挖掘关键词，并打造为全网趋势主题榜，并提供与之相关的货品洞察，帮助商家优化货品结果，完善流量结构，丰富买家画像。

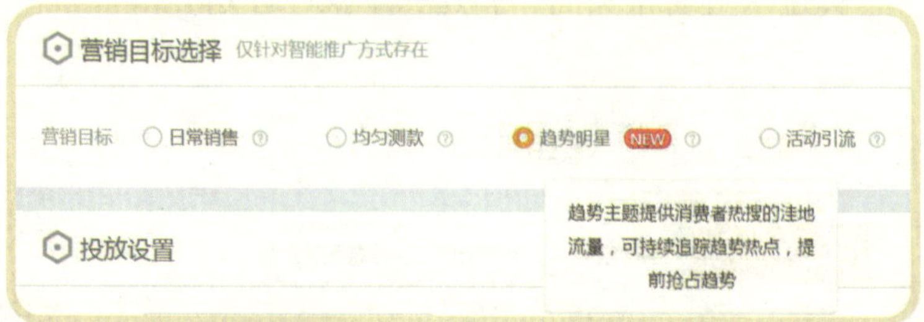

6. 投放设置

设置计划名称和每日限额。建议新手在设置每日限额时无须太高，直通车的目标是引流，能否实现转化，还在于商品详情页是否能打动买家。因此需要卖家进行调节和测试，并不是只要有流量到来就一定会有很好的收益，商品的转化率同样值得关注。

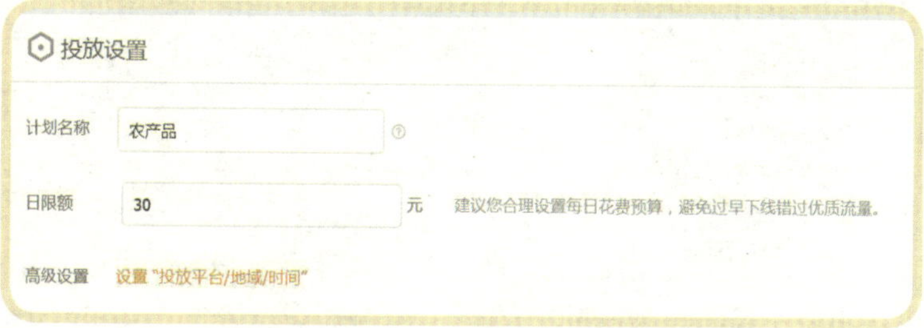

投放设置

计划名称 农产品

日限额 30 元 建议您合理设置每日花费预算，避免过早下线错过优质流量。

高级设置 设置"投放平台/地域/时间"

7. 高级设置

在“高级设置”里面可以选择直通车投放平台/地域/时间，系统默认是全部打开，卖家可以在投放地域中关闭掉无法邮寄的地域。

高级设置 设置"投放平台/地域/时间"

8. 趋势主题

趋势主题是由系统匹配店铺内相关商品给出的建议。这些主题匹配基于关键词和用户兴趣趋势。并不是店铺内所有的商品都需要使用直通车，可优先选择一到两个转化率高的优质商品进行推广。推广的目的是带来流量，提高转化率和店铺的关联销售，从而形成一个健康的店铺成长闭环。

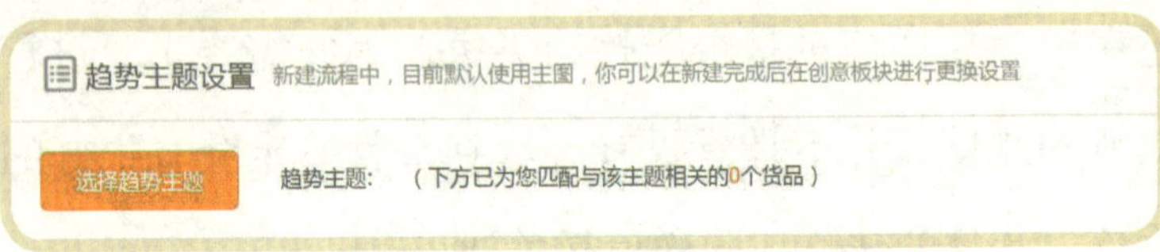
趋势主题设置 新建流程中，目前默认使用主图，你可以在新建完成后在创意板块进行更换设置
选择趋势主题
趋势主题：（下方已为您匹配与该主题相关的0个货品）

选择趋势主题 请根据您的营销目标选择合适的趋势流量包

趋势流量包	市场空间	市场竞争力	可匹配商品数	建议出价	操作
颜真卿字帖 查看	6	6	0	2.31元	选择
人体书	8	6	0	2.01元	选择
文艺书籍	6	3	0	2.25元	选择
赵孟頫字帖	6	6	0	2.31元	选择
设计书籍	9	6	0	2.27元	选择

9. 添加产品

加入需要推广的产品。

当前系统暂无推荐货品，您可根据宝贝的实际情况，点击添加自选货品上车

添加自选宝贝

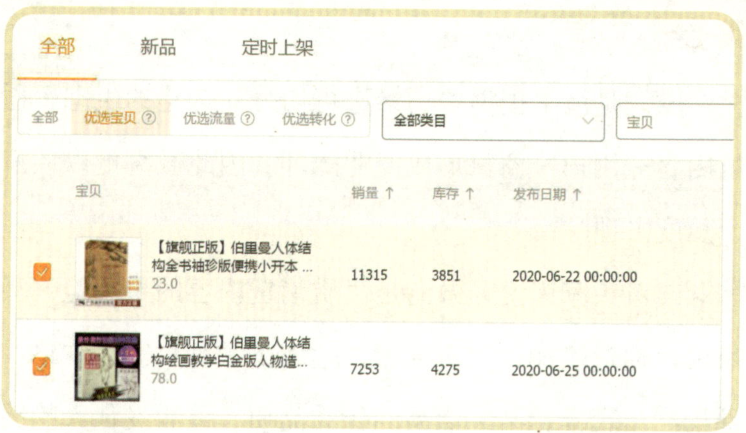

10. 推广出价方案

新手卖家可以参考使用系统给出的建议出价，优先获得商品的推广数据。在详情页、评论页等促使商品转化率提升的关键信息都完善以后，再进行直通车付费推广，获得数据，需要再次分析，针对关键点调整，反复进行数据测试，再考虑提高出价。

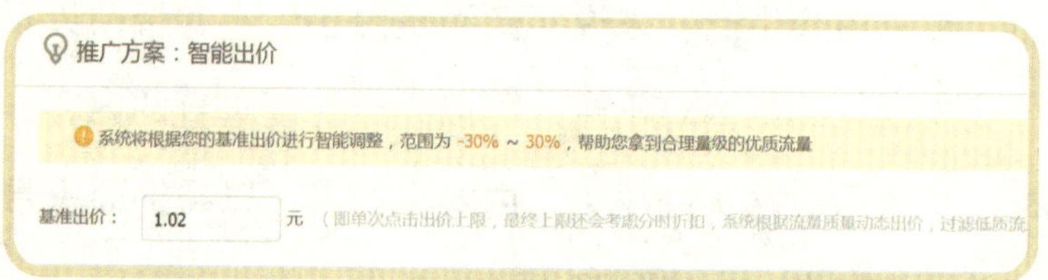

第七节 微淘

微淘是淘宝把消费场景进行切分而构建的生态，通过内容—用户—商家形成商业闭环。因此微淘可以从三个角度去理解：

1. 对买家来说，微淘是优质消费内容的聚集地，买家可以通过微淘，观看商家、达人的“种草”（种草：是指“分享推荐某一商品的优秀品质，以激发他人购买欲望”的行为，或自己根据外界信息，对某事物产生体验或拥有的欲望的过程。)内容，从而发现想购买的商品，通过更为真实的内容分享体验来进行购买决策；

2. 对商家来说，微淘是商家面向买家进行自营销的内容电商平台，通过微淘，商家可以进行粉丝关系管理、品牌传递、精准互动、内容导购等；

3. 对内容生产者来说，微淘是内容生产者帮助买家寻找生活好物的内容平台，可以生产深度垂直的内容，帮助买家做出购买的决策。内容生产者可以帮助商家带货并从推广平台中抽取佣金。

（一）微淘入口

手机淘宝首页下方

店铺微淘入口

我的关注入口

（二）微淘发布入口

登录阿里·创作平台（we.taobao.com），进入之后点击右上角“发微淘”即可进入发布页面。

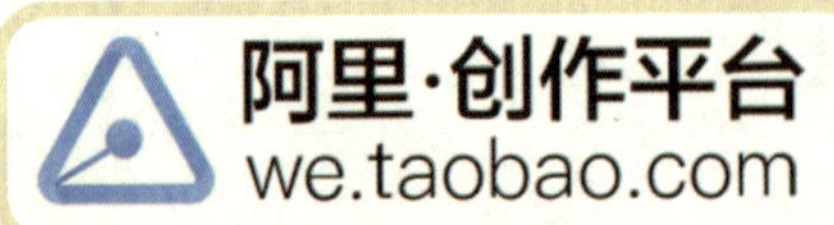

发布微淘可以分为商品“种草”和粉丝运营两个大类。

全部类型  商品种草  粉丝运营

店铺上新

分享店铺最新宝贝，介绍新品卖点、风格、潮流趋势。帮助提升新品转化

- 新品内容点击效率高
- 发布后流入微淘上新频道

优质案例 立即创作

好货种草

通过实拍的商品和场景图片，真实描述商品的特色以及使用感受，帮助粉丝种草

- 内容点击率高,粉丝最爱看
- 有机会被微淘、有好货推荐

优质案例 立即创作

主题清单

发布同类主题的宝贝集合，重点突出同一类型货品特色，帮助提升关联货品推荐效率

- 商品关联推荐效率高
- 优质内容可被微淘推荐

优质案例 立即创作

全部类型 商品种草  粉丝运营

洋淘秀（原买家秀）

精选优质的买家有图评价发布，帮助完成商品转化，拉近与粉丝联系

- 买家真实评价，粉丝更买单
- 优质内容可被微淘推荐

优质案例 立即创作

粉丝福利

发布粉丝专属折扣福利价，助力提升粉丝转化以及粉丝成交，马上试试吧！

- 粉丝专属优惠，转粉效率高
- 优质内容成交转化极高

优质案例 立即创作

（三）店铺上新

店铺上新是最常用的模块，引流效果比较好。对于粉丝而言，他（她）们更关注新兴产品。为何新品对粉丝的吸引力更高？从心理学角度来看，大众都会有好奇心理。引导用户的好奇心理在商业运营中非常普遍。新兴产品往往可以勾住用户的好奇心和兴趣。

店铺上新

分享店铺最新宝贝，介绍新品卖点、风格、潮流趋势。帮助提升新品转化

- 新品内容点击效率高
- 发布后流入微淘上新频道

优质案例 立即创作

（四）好货“种草”

好货“种草”和店铺上新一样是一个非常重要的引流端口。这个端口的目的是引发用户兴趣。因此字数限制是 500 字，给予了商家更多的发挥空间。

好货种草

通过实拍的商品和场景图片，真实描述商品的特色以及使用感受，帮助粉丝种草

- 内容点击率高,粉丝最爱看
- 有机会被微淘、有好货推荐

优质案例　立即创作

（五）创作好内容

1. 产品图片引起用户注意的关键

和产品头图一样，微淘的图片目的是要引起用户注意，好的图片能为商品带来大量点击。精彩的图片往往能引发用户的购物欲，但必须明确产品的核心卖点。主图不能一味地求新奕奇，抓住用户需求，引导用户购物欲的图片才会产生效果。如果内容被官方采纳，你的微淘会有很大的展现，但是图片无法把握住用户，数据也不会很好。

2. 文章内容的适度把握

（1）文案最好是自己编辑，对产品的卖点的提炼需要准确有力，通过微淘尽可能地描绘出来。也可以找一些同类型的文案，进行编辑和修改，但不要直接复制过来就发微淘，这是对用户的尊重。

（2）要和粉丝有互动，可以准备一些能促进用户发布评论的文案。比如：今天降温了，对冬天需要有起码的尊重，好看又时尚的秋裤秋袜了解一下。或者带上一些热门话题都是可以的。微淘与粉丝的互动性是官方采纳的非常重要的标准。

（3）可以适当地借鉴一些文案。刚刚开始没有思路或者说不知道如何更好地描绘的时候，可以去拆解同行的文字内容。通过拆解学习写作思路，然后重新组织语言编写。文案内容既要通俗易懂，也要雅俗共赏。

第八节 淘直播

近年来，电商扶贫作为国家扶贫战略的一项重要内容，是促进贫困群众增收脱贫的有效方式，而通过电商直播现场销售、短视频电商带货模式也成为当下一种新潮流。如今，农产品种植、加工也可以直播，不仅网红可以直播，农民也可以直播。直播门槛低，真实感强，可以将大量的人聚集在一起，营造购物的氛围，这种“氛围”往往影响着人们的决策。看到别人买了，觉得这个东西不错，我也要买。这好像是人的一种本能，容易受到别人的影响。所以，氛围很重要，它极大地提高了商品转化率。主播可以利用场景优势，在直播过程中增加一些趣味性，卖个萌、搞个怪，调动观众的热情和积极性。

通过直播带网友们走进乡村老屋，田间地头，现场上演抓土鸡、捡土鸡蛋、割农家蜂蜜、手工炒茶叶、寻农家腊肉等，让网友真真切切地看到这些农产品的生产过程，打响原生态无污染的农家特点，然后就会带来购买力。这是文字、图片等方式无法比拟的优势。

在网上看古法酿酒、腌制腊肉，并不稀奇，但能一边看一边与主播互动，还能在网上随时下单购物就比较吸引人。最近一段时间，直播卖农产品火了起来：有“80后”淘宝店主，直播烹饪黑猪肉，1小时吸引了10万网友围观；有人直播龙虾捕捞、烹制，10分钟卖了3000份龙虾；还有人用“边参观、边讲解、边玩耍”的模式，向网友直播了山头抓土鸡、树林里捡土鸡蛋、寻找农家腊肉源头等场景，当天27种农产品全部售罄。

直播卖土货为什么这么火？除了聚集人气、营造购物氛围外，直播弥补了网购最大的不足——缺乏购物体验，它能够让买家更全面地了解农产品。以“抓土鸡”为例，大家不仅可以看到原生态养殖的土鸡，还能看到土鸡的生长环境，再加上主播的讲解和买卖双方直接的对话交流，买家对产品、店铺乃至生产者更容易产生信任感，长此以往，该农产品就可能成为被买家认可的品牌。

在淘宝开通淘直播要求店铺达到4000粉丝量，另外最常见的农村电商直播主要有快手和抖音。相对而言，快手直播的限制条件更少，只需要在实名认证后拥有7

个粉丝就可以直播，门槛相对比较低，所以快手在农村是最常见的。村民没事的话可以拍一拍农村的风光，展现农村的风貌。干农活时也可以拍摄，传播农村的农耕乐趣。

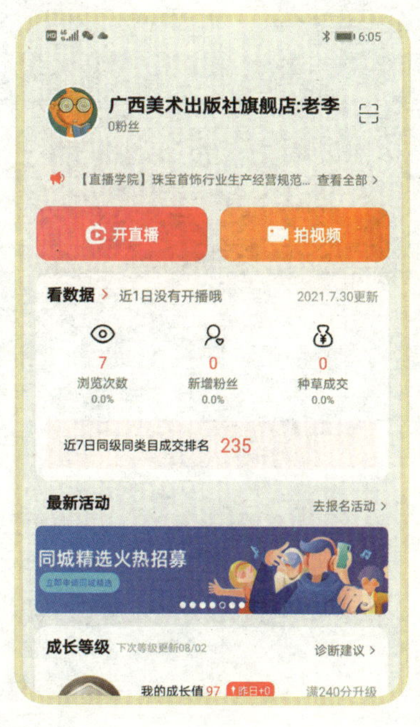

加入淘直播

手机端：下载淘宝主播 APP，下载后，用你的店铺账户登录，就可以看到这个界面了。

电脑端：进入阿里·创作平台，从“直播”入口进入。

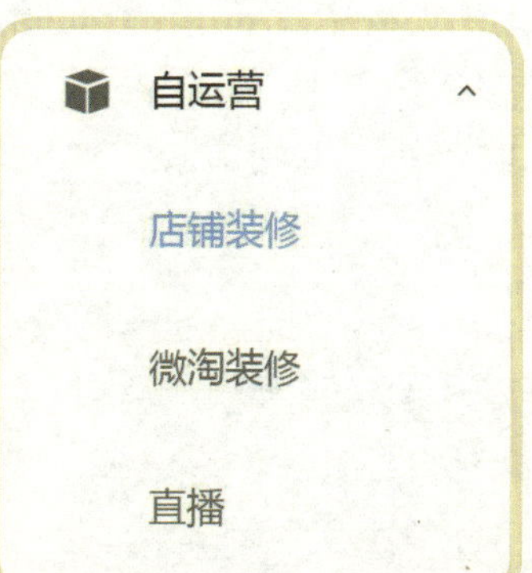

第五章
店铺管理

第一节 客服管理

（一）店内商品推荐

通过使用旺旺右侧的“热销”、“橱窗”和搜索，卖家可以快速找到相应产品链接直接推送给买家，提升效率，促进买家购买。

1. 在“商品”插件中，可根据商品ID（身份识别号）、商品关键字、商品链接进行搜索，并可在搜索结果中查看商品的SKU、属性、搭配套餐，可直接发送链接到对话框。

2. 在“橱窗”和“热销”中，可分别查看店铺的橱窗推荐产品及热销产品。

（二）使用客服机器人

为了提升客服效率，淘宝官方基于千牛电脑版为卖家提供了一个能够智能应答的旺旺机器人。

机器人功能简介：

1. 智能问答，解决客服常见重复问题。比如：问候、默认快递咨询、查物流等简单统一的问题，都可交由机器人来答复。

2. 夜晚无客服值守时，全自动机器人可以帮助卖家回答买家问题，减少买家流失。

在千牛客服栏中找到机器人窗口，点击图标进行设置。

阿里店小蜜
基本版

基础设置中可以设置一些欢迎词和热门商品推荐。

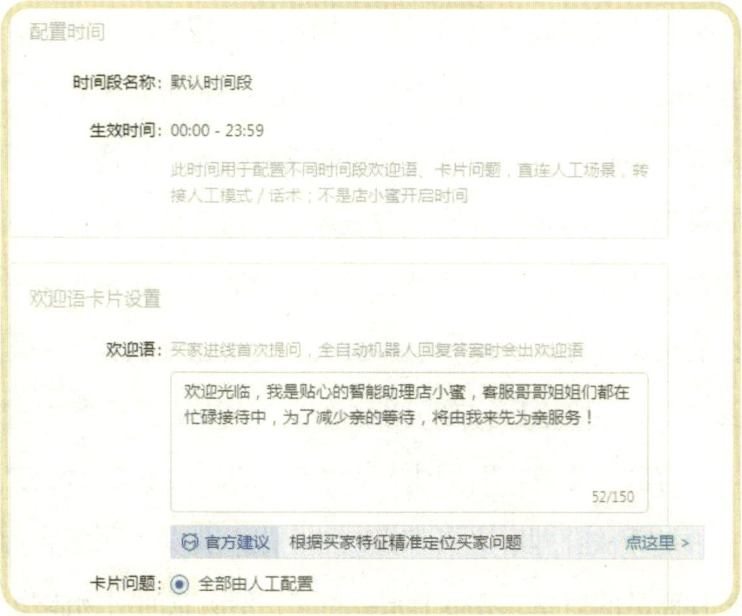

配置时间

时间段名称：默认时间段

生效时间：00:00 - 23:59

此时间用于配置不同时间段欢迎语、卡片问题，直连人工场景，转接人工模式 / 话术；不是店小蜜开启时间

欢迎语卡片设置

欢迎语：买家进线首次提问，全自动机器人回复答案时会出欢迎语

欢迎光临，我是贴心的智能助理店小蜜，客服哥哥姐姐们都在忙碌接待中，为了减少亲的等待，将由我来先为亲服务！

52/150

官方建议 根据买家特征精准定位买家问题 点这里 >

卡片问题：全部由人工配置

问答设置中，官方会找出一些热门的对话场景给卖家。买方和卖方的对话都有，可以根据官方的推荐进行编辑。

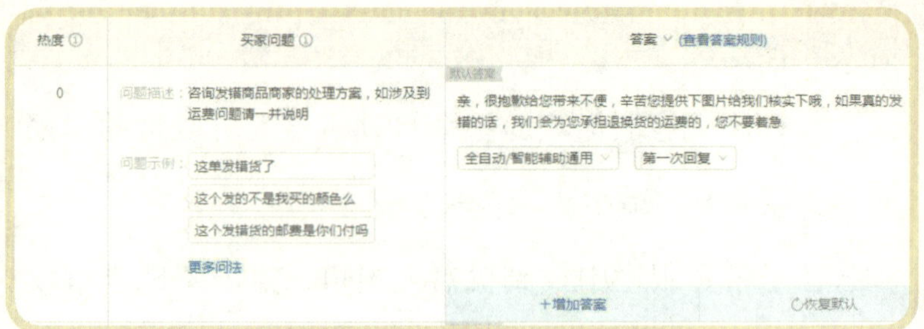

（三）金牌客服

对于电商来说，客服虽然看似不起眼，但却非常重要，甚至其可以决定一家电商的成败。由于客服承担了与买家直接沟通交流的责任，因此在一定程度上来说，客服的形象就是店铺的形象。店铺要获得流量不容易：文案的准备，美工的设计，产品交互的开发，活动运营的策划……而客服不恰当的表现，很可能会让前面的一切都付诸东流，甚至发酵成为负面口碑，让店铺失去潜在的买家群体。因此，想要最大程度地留住买家，一定要在提高客服素质、提高客服专业能力方面下功夫。

有分析总结，客服团队经常出现的失误主要有两种。一种是无法合理解决买家提出的问题。例如，买家咨询某种商品的信息，答不上来；买家有不满意的购物体验，迟迟给不出解决方案。这些体现的是客服人员对于自家品牌、产品以及电商平台的规则的不了解。另一种是情绪失当。例如最近网上引发广泛关注的某电商品牌客服公开与网友争吵的事件，暴露出的就是客服人员在面对买家时没有保持良好的情绪。

优良的产品、良好的服务品质已经成为电商的一种核心竞争力。而其中，电商品牌的服务品质更是必须作为基本素质要求加以重视。一个重视服务，不断改善服务品质，保障服务质量的网店必然会受到买家的认可，令买家满意度提升，从而使买家成为忠实买家，直至成为永久买家。一个优秀的客服起码要做到下面三点：

1. 态度好

网店客服人员跟实体店导购是起同样的作用的，但他们与买家沟通的形式完全不同。网店客服与买家之间是文字对文字的沟通交流，实体店导购则是直接面对面地跟买家交流，可以让买家感受到他的热情服务，网店客服就只有靠文字的组织，带语气词带尊称，用最真诚的语言去介绍产品（在聊天中可以发送一些表情）。

“买家永远都是对的，因为买家是上帝，他是给你带来订单的人，给你带来营业额的人，给你钱的人，所以买家永远都是对的”。每个买家聊天说话的语气都是不同的，好说话的那我们就要抓住了，像朋友一样去聊。不太好说话的，你就耐心地跟他聊，不要起冲突。

2. 如实描述

身为客服，面对买家提问求解时，应如实描述，不然就算买家下了单也可能会给后续的售后留下隐患，所以在自己拿不准的情况下尽量去了解自己的产品是首要重点，介绍产品也一定要与详情页描述相符合。自己都不是很清楚就随口说出，轻者会导致买家流失，重者会增加售后退件，甚至与买家发生售后纠纷。

3. 导购

服务不单单是简单的你问我答，作为客服，还要去引导买家，去分析买家的需求，多站在对方的角度去思考，给他们温暖就会带来回流，说不准他们还能多带朋友过来消费，切记客服对待买家不是一次性的。为什么实体店能有回头客？网店也一样可以，这个就在于客服跟售后服务了。

有些商家不重视售后，卖产品之前态度非常好，但成交之后，当买家有售后问题找来时，态度马上发生180度大转弯。实际上让买家记住商家的恰恰是售后的体验，因为在产品还没有卖出去之前，大多数商家的态度都是好的，所以在这种情况下，当售后客服能够不推卸责任，妥善大度地处理售后问题，急买家之所需，耐心细心地帮买家处理问题，而不是简单粗暴地解决事情，会让买家觉得在买到产品的同时，也享受到了优质的售后保障。这种服务会更打动买家，让买家记于心中。

售后回访，也是提高用户体验的一种方式。一些重视买家的商家，会专门安排客服做买家回访的工作，在包裹发出、同城送达的时候通过短信息的形式触达买家，也会在商品被使用后，通过电话进行使用跟踪回访。这种行为，让买家在本身有可能已经快遗忘商家的时候，又记忆起来，买家体验也更好，将会促成买家二次购买。美国家喻户晓的鞋类垂直电商美捷步，有一个“三双鞋”服务条款，鼓励顾客一次订购三双不同的鞋子，试穿之后把不合适的鞋子寄回来，顾客不需要为此承担任何风险。如果鞋子已经销售完了，客服人员会至少在三个其他网站上寻找同款信息并反馈给顾客；提供8个不同角度的产品图片；365天内可以退货并提供免费双向快递服务。通过这个案例我们可以看出，打动买家的往往就是小细节，让买家记住了客服也就等于记住了店铺，记住了品牌，当买家再有购买需求的时候，会优先想到已经记住了的商家。

美国著名推销员乔·吉拉德所提出的“250”定律

认为，一个买家身后大概有250名亲朋好友，如果你赢得了一位买家的好感，那么就意味着赢得了250人的好感。在网络发达的今天，在信息如此互通的时代，一个人身后可能远远不止250人，所以我们做电商，不光要重视每一位买家，还应该重视他身后的圈子，倡导每一位买家为我们传播口碑。

（四）沟通技巧

1. 突出快递话术

（1）我们是下午4点发货的，晚了可能就要拖到明天发了哦。【** 小店】

（2）亲，您好，您拍下的订单目前还没有付款，我们将在您付款后48小时内给您发货，祝您生活愉快！【** 小店】

（3）尊敬的 **，您真有眼光，拍下这个宝贝，我们公司的员工都在使用这个宝贝。您在我们 ** 店铺拍下的订单还没有付款哦，您付款后我们将立即为您安排发货！有您更精彩。【** 小店】

（4）您好 **，您拍下的这款宝贝红色款是最多人购买的哦。麻烦您尽快在方便的时候支付好，我们好安排发货，谢谢您的支持，祝您永远漂亮美丽。【** 小店】

（5）温馨提示：您拍下的这款吹风机不但不会伤害头发，还能为您节省10分钟的吹发时间哦。请尽快付款，我们将迅速为您发货，如有其他疑问请咨询我们。【**小店】

（6）**店温馨提醒：活动期间购买人数较多，为了您拍下的宝贝不因没货而取消，请及时完成付款，有问题请及时联系在线客服。【**小店】

（7）您好，您是我们店的老用户，如果您能在下午4点前下单，我们将会有神秘礼品送出哦。这里提醒您现在付款我们会优先发出，您可以很快收到包裹哦！【**小店】

（8）我们仓库是四点前统一发货的哦，您四点前方便付款么？我们可以及时给您安排发货，这样您就能早一天收到我们的产品和礼物哦。【**小店】

2. 关怀话术

（1）亲，拍下了我们的商品一直没有支付呢，亲遇到任何问题都可以联系我哦。【**小店】

（2）亲，看到了您在我们店拍下了商品，现在跟您核对一下收货地址哦。【**小店】

（3）您好，看到您这边没有支付，我们这边是7

天无理由退换，还帮您购买了运费保险，收到以后包您满意，如果不满意也没有后顾之忧。【** 小店】

（4）温馨提示：亲爱的 **，我看到您连续拍了好几笔订单，并且都关闭了哦，您选的这两个品种的芒果都非常受欢迎，如果您想都试试，我们可以帮您拼单哦。亲可以找我们客服哦，如有其他疑问请咨询我们。【** 小店】

（5）您好哦亲！您在我们店铺拍下的产品批次市场反馈很好，果的成熟度刚刚好，请下午 4 点前及时付款，以免耽误给亲发货，库房每天下午 4 点统一发货的！淘宝愉快！天天好心情！【** 小店】

（6）亲，您好，您拍下的荔枝批次市场反馈都非常赞，我们已经为您预留了，现在这个宝贝库存已经不多，很抢手，请您尽快付款，我们会尽快为您发货的，祝您购物愉快！【** 小店】

3. 突出时间紧迫感话术

（1）亲，您刚刚拍下的我们这款活动商品到 12 点就会结束活动，如果半个小时内不付款是会关闭交易的哦。【** 小店】

（2）亲，您刚刚拍下的我们这款活动商品，现在

还有跨店活动哦，请您抓紧活动时间付款。【** 小店】

（3）您好，亲，您于昨日拍下的订单还没有付款哦，目前这款宝贝库存数量消耗很快，请及时付款，感谢您的光临，祝您生活愉快！【*** 店】

（4）温馨提示：亲，您在我们店拍下的宝贝已经确认，折扣仅限活动期间，亲可以尽快付款，以免错过哦！【** 店】

（5）您好，看到您在活动中抢到了我们的宝贝，真的很幸运呢。您这边还没有付款，您目前购买的这个价格非常实惠，这款宝贝购买了运费险，您购买后不满意还可以免费退换的哟。【** 小店】

第二节 店铺营销管理

在实体店中，商家经常会在商品上亮出促销的标示，如买一送一、限时打折、满就送、跳楼大减价、某某价格最后一天等。这些促销手段很好地引发了买家的购买欲望。互联网官方同样给商家提供了一系列的促销工具，如满就送、限时打折、搭配套装、店铺优惠券这些工具。平台营销中心给出了几个营销模块。

引流能力提升策略
裂变优惠券
超低拉新成本，借助用户社交关系分享，高效站外拉新
立即设置
教程查看
客户关系管理
通过短信发优惠券找回潜在、即将流失消费者，提升店铺流量
立即设置
教程查看
满就送券
使用店铺宝设置满返优惠券，引导二次进店，提升复购
立即设置
教程查看
转化率提升策略
拍下立减X元
设置买1件打折活动，实现拍下立减效果，提升活动商品转化率
立即设置
教程查看
拍下送赠品
设置买1件即送赠品活动，提升活动商品转化率
立即设置
教程查看
新客专享价
设置新客专享价，提升新客转化率，沉淀店铺可运营用户资产
立即设置
客单价提升策略
公开券
合理设置的公开优惠券门槛，引导消费者买更多，快速转化
立即设置
满元减钱
设置合理的满元减凑单活动，引导消费者买更多
立即设置
多件多折
设置合理的满件折凑单活动，引导消费者买更多
立即设置

（一）进入方法

在千牛卖家平台上找到“营销中心”的“店铺营销工具”选项。

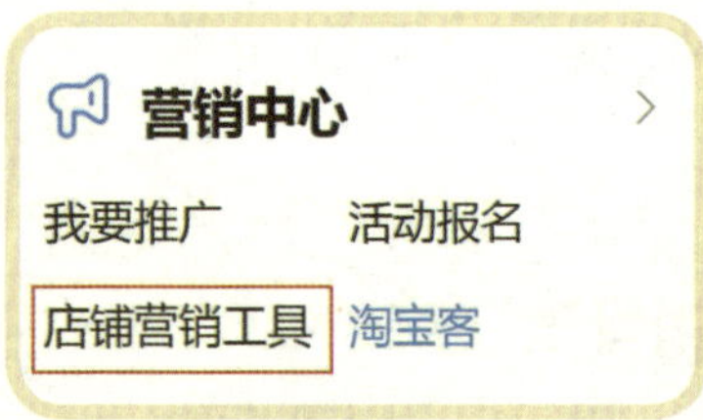

点击进入后可以看到非常多的店铺营销工具。

（二）常用的几种工具介绍

1. 搭配套餐

顾名思义，搭配套餐是将几个商品组合在一起，设置成一种套餐形式进行销售。这个方法可以让买家在店铺中选择更多的商品，很有效地提升客单价。同时搭配套餐作为一个单独的商品，可以增加店铺的流量入口。利用搭配套装进行推广，不仅可以增加店铺的流量和订单量，还能够提高店铺交易额，提高店铺权重。搭配销售的方式在实体店也很常见，特别是餐饮行业出现得最多。

2. 产品与折扣

单品宝
限时打折与特价宝合并，并更名为"单品

店铺宝
店铺级优惠工具，支持满件（打折）、满

限时打折是商家常用的营销手段之一，阿里为用户提供了两个选择方案。单品宝是针对少量产品设置的折扣力度；店铺宝则是以全店为单位设置折扣力度，如满减、满送、满包邮等。

3. 优惠券

优惠券
可通过多种渠道推广
的电子券，通过设置

优惠券是店铺通过让利手段进行推广的主要工具。如需在微博、微信社群进行推广，请选择“自有渠道推广—通用领券链接”，由于站外传播具有平台不可控性，请谨慎设置面额、门槛和发放数量，并注意领券链接的保密，避免因领券链接泄露造成资损；如报名官方招商活动，请选择“官方渠道推广—官方活动招商”，并前往招商报名后台选择；如需进行店内抽奖活动，请选择“官方渠道推广—商家抽奖平台”，并结合服务市场抽奖工具使用；如需通过淘客进行推广，请选择“官方渠道推广—阿里妈妈推广券”，并前往阿里妈妈后台与淘客商品关联；如需对指定买家发放，请选择“自有渠道推广——次性领券链接”。

第三节 淘宝官方活动

（一）淘宝官方活动的功能

运营活动一般分为四个步骤：

1. 产品被看到，即产品被买家触达。我们可以从第四章节了解到，产品被买家触达的方式很多，如：淘宝搜索、淘宝客、直通车、淘直播等。

2. 让买家产生兴趣。淘宝平台为了引导商家的规范经营，设置了产品头图和微淘两个模块。商家要充分利用这两个模块的功能，使买家对产品产生兴趣。

3. 让买家产生购买欲望。产品的详情页除了引起买家兴趣，也同样起到引导买家产生购买欲望的作用。

4. 购买。当买家被成功“种草”，把产品加入购物车后，到达购买还需要一个过程。平台为了提高购买环节的效率，同样为商家设计了强大的功能。这就是本章要阐述的内容——淘宝官方活动。

为什么要参加淘宝官方活动?

好处一：提高初次进入网店购物的买家的购买热情。尤其是对于那些刚刚成立不久的网店，开网店就必须从提高网店信誉开始，而促销活动绝对是提高信誉的一大利器。

大部分买家在初次进入一个网店购买商品的时候都会有一定的疑虑，尤其是对于店内产品的质量。而如果网店可以利用促销活动打消买家的疑虑，让其有“花的钱不多，产品质量差一点也不会吃亏”等想法之后，其购买的概率就会提升，进而提高网店信誉度。

好处二：提高买家回头的概率。这就是由好处一衍生而来的另外一个优点。买家花费低价格购买到了优质产品，自然会对网店的质量和信誉度感到满意，那么再次来到网店内购买商品的概率就会大增。

当然买家的购买次数往往有着周期性的特点，所以店长也需要根据店内销售的高峰期进行促销活动的设定。一般来说，在大型节日时进行促销活动的效果最佳。

好处三：提高网店在市场上占据的份额。尤其是在某一项新产品上架的时候，可以以促销活动来提高产品销售量，从而抢占市场份额。一旦买家了解了产品的特点之后，即便是在普通的售卖情况下，网店也会有着不错的销售业绩。

好处四：提高买家单次购买的数量，间接地提高销售额。也就是说，在促销活动中买家往往会愿意花费比平常购物时更多的钱进行商品购买，也就是容易让买家具有“一次性购买更多折扣商品”的意愿。

那么，在促销活动期间，即使是平时花费比较低的买家也往往会选择消费更多，为的就是获得更多的折扣商品，这样的迹象就属于双赢。

运用好时间的节点，做好节日促销，具体促销方式有很多，如下：

方式一：可以利用一些节假日和电商节日相结合，比如春节、3·8妇女节、圣诞节、6·18京东购物节、“双十一”“双十二”等；

方式二：店铺纪念日促销，比如店铺一周年、店家生日大降价等；

方式三：固定周期促销，比如每周四店铺上新，每月20号店铺秒杀/限时活动等；

方式四：店铺VIP特价、会员管理、会员日促销等，做好店铺老买家维护。

（二）官方活动报名

1.进入千牛卖家中心，在“营销中心”中找到“活动报名”。

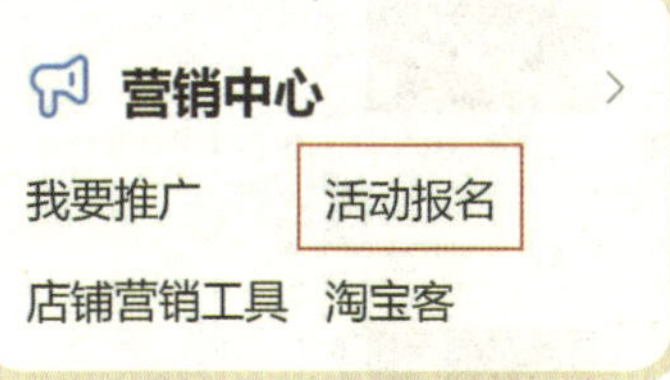

2.屏幕左侧的列表里面是官方主推的活动。

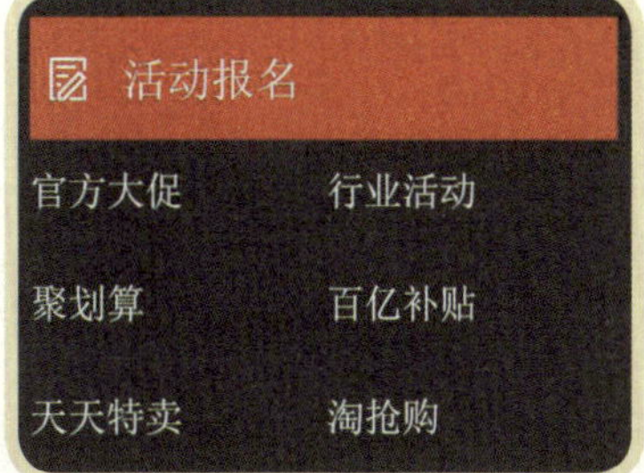

3. 在屏幕中栏中可以看到具体的活动介绍。

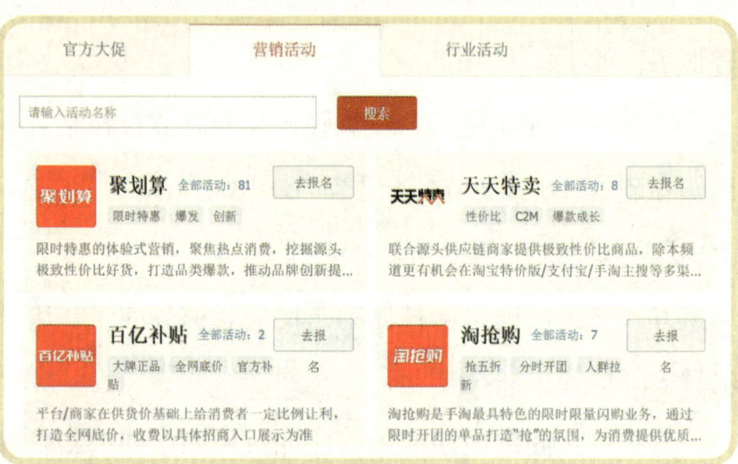
官方大促
营销活动
行业活动
请输入活动名称
搜索
聚划算
聚划算 全部活动：81
去报名
限时特惠 爆发 创新
限时特惠的体验式营销，聚焦热点消费，挖掘源头极致性价比好货，打造品类爆款，推动品牌创新提...
天天特卖
天天特卖 全部活动：8
去报名
性价比 C2M 爆款成长
联合源头供应链商家提供极致性价比商品，除本频道更有机会在淘宝特价版/支付宝/手淘主搜等多渠...
百亿补贴
百亿补贴 全部活动：2
去报名
大牌正品 全网底价 官方补贴
平台/商家在供货价基础上给消费者一定比例让利，打造全网底价，收费以具体招商入口展示为准
淘抢购
淘抢购 全部活动：7
去报名
抢五折 分时开团 人群拉新
淘抢购是手淘最具特色的限时限量闪购业务，通过限时开团的单品打造"抢"的氛围，为消费提供优质...

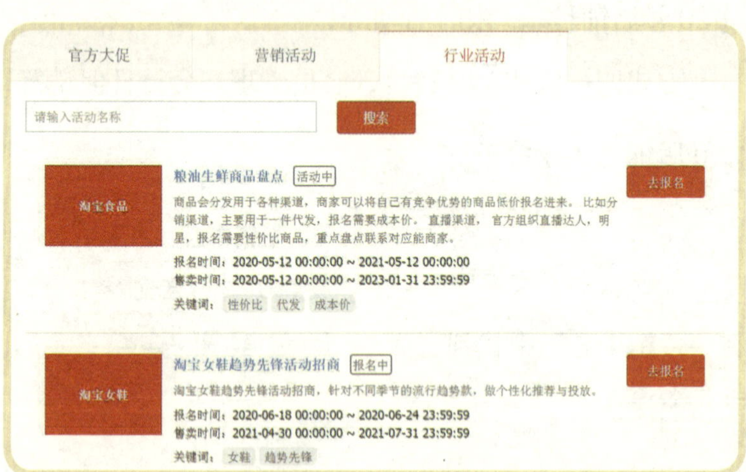
官方大促
营销活动
行业活动
请输入活动名称
搜索
淘宝食品
粮油生鲜商品盘点 活动中
商品会分发用于各种渠道，商家可以将自己有竞争优势的商品低价报名进来。比如分销渠道，主要用于一件代发，报名需要成本价。直播渠道，官方组织直播达人，明星，报名需要性价比商品，重点盘点联系对应能商家。
报名时间：2020-05-12 00:00:00 ~ 2021-05-12 00:00:00
售卖时间：2020-05-12 00:00:00 ~ 2023-01-31 23:59:59
关键词：性价比 代发 成本价
去报名
淘宝女鞋
淘宝女鞋趋势先锋活动招商 报名中
淘宝女鞋趋势先锋活动招商，针对不同季节的流行趋势款，做个性化推荐与投放。
报名时间：2020-06-18 00:00:00 ~ 2020-06-24 23:59:59
售卖时间：2021-04-30 00:00:00 ~ 2021-07-31 23:59:59
关键词：女鞋 趋势先锋
去报名

4. 点击“去报名”查看活动要求。

规则分类	规则内容	你的资质
自然年C类售假处罚	参加大型营销活动要求您的店铺未被售假处罚	1、通过
近730天内出售假冒商品分值未达24分	报名活动的商家需近730天内出售假冒商品分值未达24分	1、通过
未在搜索屏蔽店铺期	报名活动的商家需未在搜索屏蔽店铺期	1、未在搜索屏蔽店铺期
近半年店铺物流服务DSR	报名活动的商品需要物流服务DSR大于4.6	1、您的店铺发货速度DSR为4.8821分
近730天内虚假交易分值未达48分	报名活动的商家需近730天内虚假交易分值未达48分	1、通过

（三）做好活动准备

网店促销活动跟实体店折扣活动本质上并没有区别，参加活动是最好的推广机会之一。

每个正在逐渐壮大的网店，都需要积极参加推广活动，从而引入流量，进而促进销量。处于不同发展阶段的网店，只有根据网店内部自身情况去合理地做推广、参加活动，才能让店铺健康发展。

新手卖家常常开了网店以后流量很低，不知道怎么做推广，也不知道自己的产品能上哪些官方活动。网店活动名目繁多，不知道如何取舍。

1. 新手参加营销活动，无论是官方的还是第三方的活动，都切忌盲目，并不是每一个活动都要参加。平台虽然会为商家选择用户（基于阿里的数据挖掘能力的千人千面推荐机制），但商家在选择活动时，首先要考虑的是产品要触达的用户，越精准效果则越好，通过用户去寻找对应活动。

2. 要在参加活动前仔细阅读各项活动的参与规则、报名条件及注意事项。

3. 量力而行，选择最适合自己的营销活动，并对参与活动的人员、商品、货源、销售服务等各环节进行充分的准备。

4. 准备充分，不盲目参加，也不浪费任何一次参与营销活动的机会，做好活动成本控制。甚至要注意店铺类目、装修、风格、产品详情描述、商品营销活动推广图片等一系列与之有关的销售元素的准备是否充分。

5. 擅于总结活动经验，让网店营销在各项能够参与的营销活动中脱颖而出。培养属于自己网店的营销特色与用户群体。

平台的官方活动内容非常多，如“双十一”“6·18”“年货节”“女王节”等。这一成功的商业模式已经不再局限于某一个平台，而是逐渐渗透到全社会的多个层面，成为商家制定营销计划的重要营销节点。

第四节 物流和包装的选择

物流和包装是一个成功卖家的衡量标准之一。要在买家购买产品后，安全迅速地把货物送到买家手中，需要卖家做好很多的基础工作。中国面积广大，城乡地域特征明显，单一快递公司很可能无法全部触达。卖家需要在快递公司投送能力、服务费用、服务速度、服务质量上进行权衡。

商品包装对于卖家也是非常重要的，一个好的购物体验会直接影响到这个买家是否会复购，是否会推荐其他朋友过来购买。如何能够让商品长途跋涉后仍然安然无恙地到达买家手中，这考验卖家的包装能力，要结实可靠，产品不破损，商品不少漏，包装价格又要便宜。

（一）物流公司的选择

根据自身销售产品的特点，有目的地选择物流公司。

物流产品可以分快递和快运两类：

体积小重量小的商品优先考虑使用快递。

体积大重量大的商品优先考虑使用快运。

而时鲜类商品如肉制品、蔬菜、水果，不但需要考虑体积和重量，还要考虑时效和包装。

建议新开店的商家初期要多使用几个物流公司。由于物流公司的运行机制上的问题，其人员流动性比较大，在大促期间能否保证良好的运转，需要经过长期磨合。

目前快递在很多城市甚至县城都能到达，但对于一些小县城和边远地区而言，快递服务并不发达，一般有以下两种情况。

1. 快递无法到达：如果买家地址快递无法到达，那么发货就是件非常麻烦的事情。对于卖家而言，可以考虑 EMS，因为 EMS 配送速度虽然比不上其他快递，但网点分布要比其他快递多很多，可以解决一些偏远地区发货的问题。

2. 快递费用高：对于边远地区的卖家而言，物流成本高昂，这就意味着买家需要支付更多的费用。在网络时代的背景下，同一个商品面对的竞争对手很多，如果整体费用比对手的费用高，那么多半无法留住买家。除非商品的利润比较高，通过高利润抵销多出的快递费用。

（二）做好农产品的包装

正所谓，人靠衣服马靠鞍。人们往往更愿意去选择拥有精美包装的产品，在竞争激烈的农产品市场，更是如此。在农产品包装方面，要着力突出“乡字号”“土字号”，且符合产品特点，体现本土特色，在方便携带的同时兼顾审美功能。包装设计得越好，往往越能促进人们购买的需求，进而促进消费，提高商品价值。包装与商品最好构成一个整体，这样既能起到便于储存、延长保质期的作用，又能起到保护商品不受损，宣传农产品优势和品牌，方便使用，方便运输，促进销售，提高产品附加值的作用。下面就介绍三种最常见的农产品包装类型。

1. 水果类包装

水果是最不耐储藏和运输的农产品之一，特别是水分大、外皮比较薄的水果。比如说葡萄、草莓、樱桃，稍微碰一下就会破损。所以鲜果类的包装学问特别多。首先，要从怕被挤压这个特点出发，包装盒里必须要有泡沫板的防压内衬，因为运输时车体晃动是不可避免的，加上装卸工人也不可能为了几箱水果就轻手轻脚地放慢速度，而在包装盒放泡沫板后能够缓解外界对纸箱的压力。像草莓这类水果最怕的就是不通风，所以在包装箱的外侧留出多个通风口，再用保鲜的纸在顶层覆盖才是最妥善的包装方法。

2. 鸡蛋类包装

鸡蛋外壳比较脆，如果用箱子直接包装很容易压碎，并且也不可能一车只装一层的鸡蛋，在叠加和重物的挤压下，还必须要保证鸡蛋不被挤碎。鸡蛋包装一般采用的是硬质纸盒做的一个蛋壳托，定型的包装让鸡蛋放在里面不会晃动，更让每个鸡蛋中间都留有固定的缝隙，有了这个特殊的外包装，鸡蛋运输的破损率大大降低。

3. 腌制类包装

像火腿、熏制腊肉这类产品的包装基本采用真空包装的方式，一方面是担心运输过程中肉质被其他细菌感染发生变质，另外一方面也是为了让腌制类产品方便运输和卸载。在所有包装类型中，真空塑料包装是成本最低的一种包装类型。

（三）确认发货

进入千牛卖家平台，找到“订单”，进入“订单管理”后台。

千牛 卖家工作台 店铺 商品 订单 营销 直播 数据 用户 成长 综合

找到未发货的订单，点击“发货”按钮。

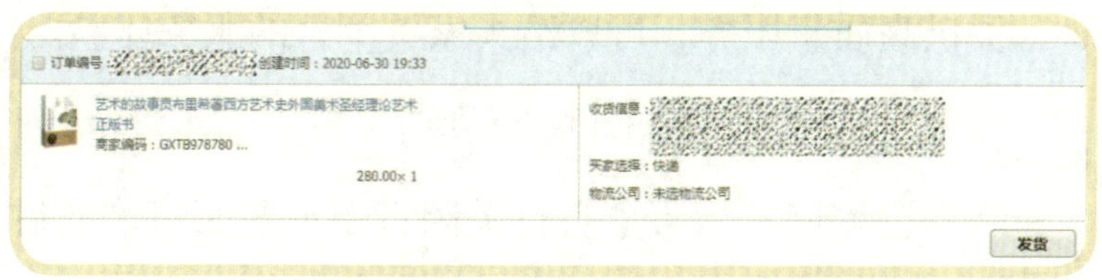

在“自己联系物流”中填写快递单后，选择物流公司。

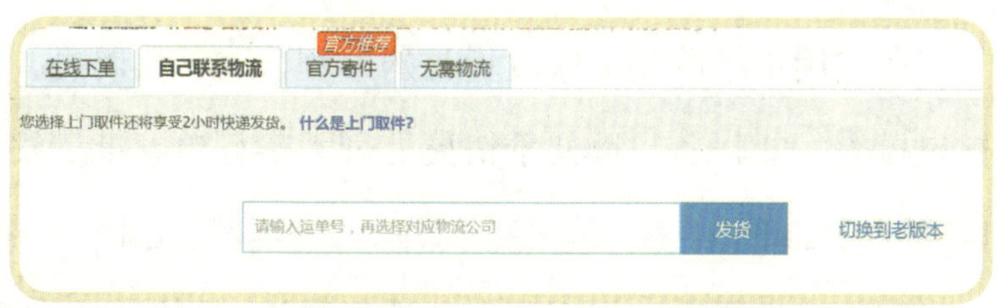

（四）售中客服订单处理技巧之未发货订单管理

1. 买家地址错误

首先一定要在旺旺上联系买家确认地址，与买家进行沟通，如有误，及时修改地址。

如果是已发货的情况下，要及时联系快递公司修改目的地地址。

如果是未发货的情况下，自己及时修改订单即可（一定要在自己承诺的发货时间之内修改好）。

修改完成后再次联系买家进行回复确认，提升我们的服务，提升买家的购物体验，促进买家成为回头客，提高我们的产品好评率才能总体上提升店铺销售数据。

2. 保证时效性

提供高质量服务，可以给买家一个好的服务体验。

3. 未发货订单买家未付款不要了

联系买家确认后买家自行关闭订单或与买家沟通后自己关闭订单。

4. 新手快速发货要点

在应用市场购买一些发货类的应用，购买扫码机、打包机等发货设备，以便于快捷处理大量订单、批量发货或同时处理一个买家的多个订单，减少物流支出。

在物流选择上，根据所在地选择物流，可以上门查看相关物流政策、政策支持。

买家对物流有要求的——按照要求发货，或者及时跟买家进行沟通说明——批量发货（减少物流开支，节约成本）

第五节 售后管理

售后服务是商品消费工作的重点之一。好的售后服务能给买家带来良好的购物体验，这样买家可能会因此转变为店铺的忠实粉丝，不但可能会回来复购商品，更可能产生裂变，把商品推荐给周围的亲朋好友。售后的服务质量，体现在退换货、交易纠纷的处理、中差评的处理上。

淘宝规定所有卖家必须要签署“买家保障服务协议”，以确保买家的购买权益。对卖家的经营也提出更高的标准，诚信经营，维护平台的和谐和繁荣。

（一）了解“买家保障服务”

1. 买家保障服务

引用淘宝官方的一句解释：淘宝买家保障服务鼓励卖家以服务制胜，以个性化、多样化的服务给买家提供更好的选择，让买家能了解到除商品之外的更多重要服务承诺，从而使买家在购物过程中能放心购买、快速下单，售后处理也更有保障。

2. 订单险和账期保障

开通订单险肯定是能够增加权重的，但是也会被扣费，而且流动资金不便于管理。应根据自己的店铺实力去选择。

3. 保证金

参加淘宝网的消费者保障服务大多类目要求缴纳最低 1000 元的保证金，这笔保证金是冻结在支付宝账户里无法使用的；开通买家保障服务后，才有参加各种活动的资质，才能获得权重，才能让买家放心地购物。

（二）选择“买家保障服务”

买家保障服务是淘宝网推出的旨在保障网络交易中买家合法权益的服务体系。“商品如实描述”，为加入买家保障服务的必选项。“7 天无理由退换货”“假一赔三”“虚拟物品闪电发货”等都是其中的服务之一，由卖家自行选择加入。

加入“买家保障服务”可以给卖家带来的优势有：

1. 商品被加上特殊标记，并有独立的筛选功能，让商品可以马上被买家找到；

2. 拥有相关服务标记的商品，可信度高，买家更容易接受；

3. 为提高交易质量，淘宝网单品单店推荐活动只针对消保卖家开放；

4. 淘宝网橱窗推荐位规则针对消保卖家有更多奖励；

5. 淘宝网抵价券促销活动只针对消保卖家开放；

6. 淘宝网其他服务优惠活动会优先针对消保卖家开放。

（三）项目种类编辑

买家保障服务项目通常有“商品如实描述”“7天无理由退换货”“假一赔三”“虚拟物品闪电发货”等种类，卖家可自行选择加入不同的项目种类。

（1）如实描述：买家购买支持此服务的商品后，如果发现商品和卖家描述的不一样，可以申请赔付。

（2）7天无理由退换货：买家购买支持此服务的商品后，如果在签收货物后的7天内不想要了，卖家有义务向买家提供退换货服务。

（3）假一赔三：买家购买支持此服务的商品后，如果发现商品是假货，就能申请三倍赔偿。

（4）闪电发货：买家购买支持此服务的商品，能够享受“闪电发货”，要是卖家发货不及时，买家可以申请赔偿。

（5）正品保障：卖家承诺提供“正品保障”服务，可以使买家放心购买！

（四）协议内容

卖家需要熟读协议的内容，避免因触碰规则而被处罚。具体内容包括《商品如实描述服务规则》《7天无理由退换货规则》《正品保障服务规则》《假一赔三规则》《虚拟物品闪电发货规则》《数码与家电产品30天维修规则》。

（五）店铺动态评分

店铺动态评分分为三项：描述相符、服务态度、物流服务。每项最高分 5 分，最低分 0 分。买家根据购买商品后的体验，会对店铺的服务进行评分。在店铺信息显示的是买家的综合评分值，由于买卖是实时发生的，因此评分的综合分值也会有所波动。店铺的动态评分是平台考量店铺信用度和服务质量的一个重要标准，官方很多活动的参与要求中，对动态评分值都是有硬性规定的。分值达不到要求就无法参加活动，从而损失流量。

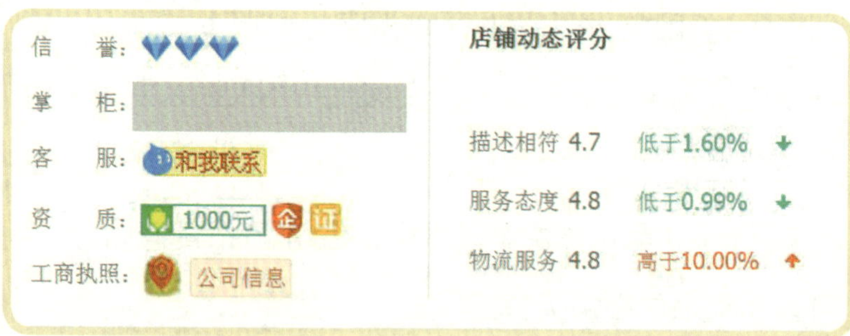

第六节 评价管理

新品上架一定要做好基础评价，基础评价也被称为攻心评价。大家都知道，在新品上架的初期，我们都需要用老买家来做一下基础的销量，但是现在依然有很多商家因为犯懒，做完基础销量之后不去做基础评价。

你要知道，现在的买家去购物的时候，是一定会去看评价的，尤其是中差评，所以你在做基础销量的时候，可以通过让利的方式，邀请老买家按照你提供的内容和图片来进行好评，过几天之后再去追加好评，一定不要怕麻烦，这件事对你这个产品至关重要！

因为新品前期做的基础评价有很多会一直卡在产品的评价的前几位。

可以试想一下，假如打开两个产品，一个产品的前几个评价，都是很详细、很有针对性的，而且还晒图和追加好评，另外一个产品的前几个评价，基本上都是“好”“不错”“还可以”甚至“此用户没有填写评论”，你会选择哪一个？结果是很明显的，我们一定会选择第一个产品。

所以说做好评价是非常有必要的，因为它能够帮助我们提高转化率。

（一）什么才是好评价

好评价地标准有以下几点：

1. 评价要客观，不能太主观，客观的内容才是众多买家所关心的。力求真实！例如：“芒果的口感很好，甜味很足，个头大、果核小、皮薄肉多，但要放置三天左右才能完全熟透，下次还会来购买。”这样的评价就非常真实，其他买家看到了肯定认为这个是买家的真实体验，从而生出购买欲望。

2. 评价要带有该产品的主关键词，字数至少要在 20 字以上，50 字以上更好。评价内容涉及主关键词能提高类目相关性，提高类目相关性就可以提高个性化展现量。

3. 评价文字要涉及质量、服务、物流这些方面，这样才能有效地攻心，因为买家担心的无外乎就是质量、物流和服务。

4. 好的评价是带入场景的。例如：“太好太喜欢了，今天穿这个衣服和男朋友一起出去玩，他一直夸好看，玩得非常开心，赞赞赞，附带一张开心的买家秀。”这样的评价一定很吸引其他潜在买家。

5. 基础评价一般 15 个字左右就够了，太多了买家也不会去看的。

6. 新品上架一定要管理好商品的评价，因为管理好评价后，商品的转化率和销量才会提高，如果有差评了要及时地处理。

（二）店铺中差评对店铺的影响

1. 影响转化率，这个是最直接的影响。我们自己平常淘宝的时候，会直接先看中差评，中差评如果太多的话，就会直接影响到店铺的转化率。

2. 影响 DSR。一家正常的店铺 DSR 指数是在 4.7 分以上，并且指数是在飘红的状态，如果我们店铺的中差评太多的话会直接导致店铺的 DSR 分降低，并且指数是飘绿的。

3. 直接影响店铺报名参加活动。很多淘宝官方活动基本上都有要求，就是店铺的 DSR 不低于 4.7 分，那差评多了就没有办法报名参加活动了。

4. 影响店铺的权重和流量。

（三）可能产生差评的渠道

1. 低价促销活动

很多商家为了给店铺做引流，做基础销量，就去做低价促销等活动。这些低价促销活动往往都有一些通病，就是价格低，优惠力度大，质量不好等，所以买家收到货之后给差评的几率非常高。

2. 快递物流问题

特别是淘宝的各种节假日活动，会有非常多的快递，快递的时效性非常差，导致买家收到货之后，毫不留情地给我们一个差评。

这个差评很显然是给物流的，但是我们店铺就背了黑锅。还有平常的时候，因为个别小的物流公司存在服务态度非常差，不负责任，经常丢件、少件，物流速度非常慢等情况，导致我们收到差评。

3. 发货时长

虽然已经在交易的时候约定好，我们是 24 小时内发货，或者是 48 小时内发货，但是我们如果能够尽量早点发出去，就赶紧发出去，千万不要自作聪明先打面单，然后再慢慢地发货。

买家发现淘宝页面已经显示了快递单号，但是一直没有快递信息，这种情况下买家收到货之后给差评的可能性也很高。

其次就是有些店铺的预售问题，尽量把产品的预售信息写得醒目一点，或者是到了约定的时间就赶紧发货，以免买家产生误解，现在的买家大多都没有耐心。

4. 客服的服务问题

客服的工作平常也非常忙，因为一对多，有时候可能会存在回复慢了，或者是推荐的产品不合适，或者是态度不好的情况，这些情况造成的差评也是非常多的。

5. 产品本身的问题

可能因为产品出厂的时候，质检环节的疏漏导致产品本身就存在质量问题，或者是批次的问题造成的差评。

6. 7天无理由服务

一般的商家缴纳了保证金的，基本上都是已经开通了7天无理由服务的。但是正是因为7天无理由的问题，造成了纠纷，导致收到差评。

7. 职业差评、恶意差评。

（四）中差评处理办法

1. 找准根源

要知道买家投诉的问题在哪里，有针对性地去解决问题。

在跟买家沟通之前，要先了解我们跟这位买家所有的沟通过程明细，因为这样有助于我们更好地了解事情的来龙去脉。

如果是质量问题，就属于我们自己的问题。首先跟买家致歉，并且表示造成的不满意的用户体验，我们来买单。告诉买家我们现在有几种解决的办法，第一种，可以免费退换货；第二种，给予赔偿金。还有一种办法就是，直接给买家补发一件没有问题的产品，当然这个是根据跟买家沟通的情况来定。

2. 客服的服务态度

先诚恳地跟买家道歉，耐心倾听买家的不满，让买家找到能够发泄的地方。然后我们再晓之以理，动之以情，分析出我们客服的不容易，或者是使用苦肉计等方式。反正就是不要让买家感觉我们在推脱责任，然后给予买家店铺的小礼物，或者是优惠券等。

3. 物流问题

很多人因为物流的问题直接给了我们差评，或者是因为活动期间订单量大，导致发货的时间长而给差评。那这个时候我们一定要引导好买家，安抚好买家，买家催促的时候千万不要不理人，要及时帮忙查件等。因为快递这个事情是我们没有办法控制的，只能起到一个协调的作用。

4. 恶意中差评

在淘宝上有那种职业差评师，他们找准新店、小店下单，然后索要赔偿。针对这样的情况，我们可以直接发起申诉，让淘宝小二屏蔽这条评价。

5. 沟通的方法以及沟通的时间

我们最好是先采用旺旺打招呼沟通，其次再是电话沟通。一般男性的买家让女客服去沟通，成功率会比较高，因为男性比较要面子。而女性的买家，让男性客服去沟通可能效果会更好哦。

这里有一个注意点，就是电话沟通的时间，建议不要太早也不要太晚，可以在上午的10—11点，下午的3—4点这两个时间段，其他的时间就不要去打扰别人了。

6. 补偿办法和补偿金

千万不要因小失大，不要舍不得。辛辛苦苦地从引流到成交，一条差评就让我们得不偿失，是非常不值得的。

如果说给买家一定的优惠作为补偿，就能够让其删掉差评，那我们有什么不可以的呢？当然我们也可以主动做好买家服务工作，可以在发货、物流到达城市、派件中、已签收的情况下主动发送短信、旺旺提醒，在买家收到包裹后第一时间询问收货体验或者对产品是否满意。即使买家不满意但我们主动询问买家了，也能第一时间进行解决或者退货，避免中差评的新增。我们还要及时跟进修改中差评，避免店铺评分再次下降。为了避免错过中差评最佳修改时间，建议开启中差评短信提醒，双方互评后立即有短信通知，可有效提高中差评修改效率。

（五）退款处理

无论是什么情况引起的退货退款等问题，我们都要先向买家真诚地道歉，如：对于您对我们的产品的不满意，我们感到万分抱歉，同时也感到十分遗憾，希望您能每天保持愉悦的心情，只要我们能解决的一定会给您满意的答复，请您本着互相信任的原则，有任何问题都可以和我们进行沟通，我们发现问题都会第一时间和您进行联系的，用最短的时间给您最满意的答复。

如何降低退货退款的概率：

我们可以在店铺的显著位置进行注明：1. 在签收包裹的时候，请当面验货进行核对之后再进行签收，如包裹有破损请拍照与快递核对后拒签；2. 如存在发错，颜色尺码或质量等问题，请在收货之后 24 小时之内联系我们，并提供清晰照片作为凭证；3. 如需退换货，请不

七天退换

商品送达后 7 日内，我们接受所有未开封商品自由退换货。
注：由于保健品无法二次销售，商品开封、防伪码刮开后，不接受退换，请亲谅解。

快递说明

默认发圆通、韵达和邮政快递，（新疆西藏地区需加邮费安排邮政发出），若您对快递有特殊需求，请旺旺联系在线客服备注，自己留言无效哦。注：由于保健品不能空运，港澳台海外不发货。

要进行摘牌、洗涤等操作，否则不可进行退换货；4. 退货之后，请保留好物流单号，用于核对退换货。

退换货流程：1. 买家与客服进行联系，说明退换货的意愿以及提供订单编号。2. 客服同意退换货之后，提醒买家在包裹中附上小纸条，写上退换货的原因以及订单编号，并且需要保证退货产品和收货产品一致，包括一些配件等。3. 客服与买家核对退换货的地址，确保地址无误。4. 在退货的物流显示签收之后，第二天买家联系客服，提供买家寄件的物流单号进行核对，核对一致之后可以进行退换货处理。

联系买家：一般情况下，在后台发现买家提出退款或退货的要求后，应该先联系买家，问清楚缘由，一般买家提出退款有以下三种情况：1. 买家未收到货物而产生的退款；2. 收到货物之后因质量问题而产生的退款；3. 由于货物的尺寸不符合而导致的退款。

核对情况：第一种情况，未收到货物而产生的退款，如商家尚未发货，买家提出退款，或者是快递还在途中而产生的退款，这种情况下需要先联系买家，希望买家等待快递的送达，如买家真心不想要，在快递未送达前可联系快递选择将快递折返。如买家是在收到货物之后

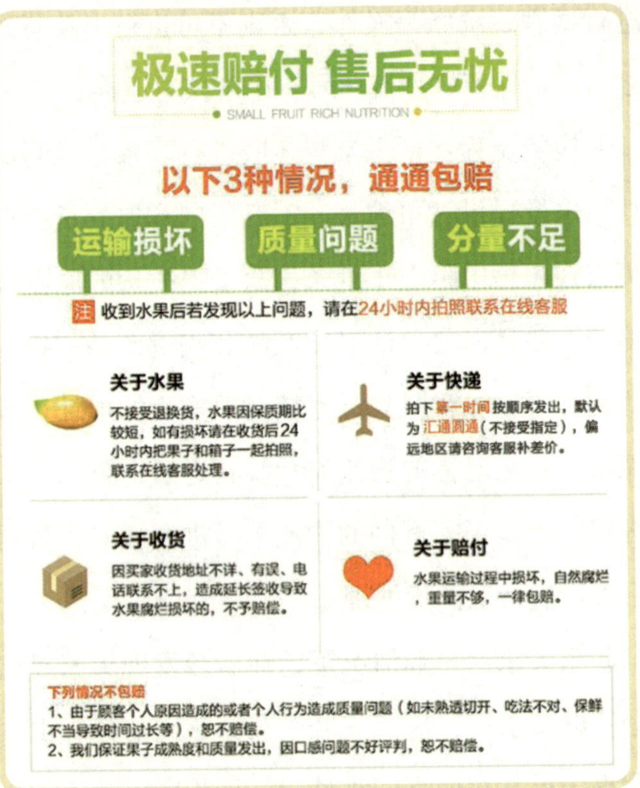
极速赔付 售后无忧
SMALL FRUIT RICH NUTRITION
以下3种情况，通通包赔
运输损坏
质量问题
分量不足
注 收到水果后若发现以上问题，请在24小时内拍照联系在线客服
关于水果
不接受退换货，水果因保质期比较短，如有损坏请在收货后24小时内把果子和箱子一起拍照，联系在线客服处理。
关于快递
拍下第一时间按顺序发出，默认为汇通圆通（不接受指定），偏远地区请咨询客服补差价。
关于收货
因买家收货地址不详、有误、电话联系不上，造成延长签收导致水果腐烂损坏的，不予赔偿。
关于赔付
水果运输过程中损坏，自然腐烂，重量不够，一律包赔。
下列情况不包赔
1、由于顾客个人原因造成的或者个人行为造成质量问题（如未熟透切开、吃法不对、保鲜不当导致时间过长等），恕不赔偿。
2、我们保证果子成熟度和质量发出，因口感问题不好评判，恕不赔偿。

而产生的退货退款，那么就需要问清楚退款原因。

安抚致歉：如果是因货物问题，如发错、少件、货物损坏等问题导致买家退货退款，在买家拍照提供凭证之后，要向买家道歉，并且安抚买家的情绪，给出解决方案。

协调方案：如果是因为少发货导致退货退款，那么可以将漏发的产品货款退还给买家，或者进行补发。

如果是货物出现损坏，并且买家进行了拍照举证，那么可以和买家协商，重新补发新货物，或者退还部分货物的货款，让买家留下产品。如果是买家自身原因需要退货退款的，如7天无理由退货，那么需要告知买家，在不影响货物的二次销售的情况下包括但不仅限于是否剪标、洗过、已经使用等，根据所售的产品特殊性而定，如确定不影响二次销售可以进行退货退款处理，但是卖家在收到货物的时候也需要检查产品的完整性。

跟进处理：如果对于买家的问题无法在第一时间给出解决方案，那么需要告知买家进行标注跟进，并且在有解决方案之后第一时间反馈给买家，并且每天通知买家处理进度，让买家有更好的服务和购物体验。

登记备案：对于有售后记录的订单，应该将所有售后的问题进行汇总和总结，可以针对问题进行打标，针对问题优化自身的机制，避免后续产生同样的售后问题。

一个好的售后不仅能够完美地解决问题，并且可以挽留住一个忠实的买家，而一个不好的售后对于一个店铺的伤害也是不可估量的。当买家走到退换货这一步的时候，说明他已经对店铺的产品有了不满的情绪，此时我们面对买家的时候应该更多地去倾听买家的诉求以及他的心声，并且安抚买家的情绪，最大限度地去帮助买家解决问题，这才是一个合格的售后应该做的。

最后希望卖家能够正确地认识售后和退换货的处理问题。

对于我们卖家而言，退换货的问题就是在增加我们的成本，针对不同的情况处理的方式也不同，我们接下来通过 4 个数据分析来确定采取什么样的处理方式。

1. 退货率：退货率越高的店铺越要掌握让买家满意的退货方式，同时一定要掌握买家退货的真实原因，利用总结最大化地减少让买家不满意的因素。

2. 货品成本：货品成本低的可以采取直接退款，把货品直接送给买家，以此来挽留一个忠实的买家，货品成本高的则可以通过补偿的方式来增加买家的好感度。

3. 先退款再退货的违约比例：如果这个违约比例很低的话，那么对于先退款再退货的形式就可以长期进行，但如果买家收到退款不退货的违约比例比较高的话，该形式就需要慎用。

4. 退款后再回购的比例：这个回购的比例，需要通过很长一段时间来统计，可以通过半年到一年的时间来统计，计算退货的成本和回购的利润，最终来评判我们的处理是否带来一个正面的效果。

最后送给大家一句话，买家在购买你的东西的时候是在信任你，当买家产生退款的时候是产品没有达到他的预期值，所以对于买家的退款，我们要去反思自己的产品是否做得足够好。

第七节 安全管理

我们平时一定要做好店铺的日常防范和排查工作。

（一）账号安全加固

1. 主账号给每个子账号的权限不宜太多，需按岗位、层级合理分配。

2. 员工离职后需删除子账号，员工转岗后尽量删除原来的子账号，再建立新的子账号。

3. 杜绝员工混合使用一个账号，尽量一人一个账号。

4. 使用外包服务的时候，需格外小心，对应的子账号应该安装数字证书。

（二）密码加固

1. 尽量不要用太过简易的密码。

2. 经常更新千牛，升级电脑杀毒软件，更新浏览器和操作系统，不浏览不明网页等。

总的来说，我们要尽量避免下载太多无用的第三方软件，不要随意向别人透露自己的账号信息，碰到骗子的时候，需要冷静，多方求证，不要轻易相信。同时记得及时向淘宝官方反馈骗子的信息。

（三）常见的欺骗手段

1. 独立商城网站平台邀请付费入驻

某某国际商城邀请入驻。这类网站往往就是一个空壳，通过邀请入驻骗取商家高额的入驻费用。当卖家接到邀请，需要多方印证，不要贸然行动。

2. 虚假封店引导扫码或加第三方聊天

这种骗术是通过高仿淘宝官方的通知信息附带站外的二维码或第三方聊天工具的账号行骗。淘宝对站外链接管理非常严格，如果有站外的链接就要提高警惕。

3. 虚假订单，下单不付款备注加广告

下单但是不付款，在订单备注内容发行广告。这类广告无须理会。

附录

极限词表

与“最”有关：

最、最佳、最具、最爱、最赚、最优、最优秀、最好、最大、最大程度、最高、最高级、最高档、最奢侈、最低、最低级、最低价、最划算、最便宜、史上最低价、最流行、最受欢迎、最时尚、最聚拢、最符合、最舒适、最先、最先进、最先进科学、最先进加工工艺、最先享受、最后、最后一波、最新、最新科技、最新科学。

与“一”有关：

第一、中国第一、全网第一、销量第一、排名第一、唯一、第一品牌、NO.1、TOP.1、独一无二、全国第一、一流、仅此一次（一款）、最后一波、全国X大品牌之一。

与“级/极”有关：

国家级、国家级产品、全球级、宇宙级、世界级、顶级（顶尖/尖端）、顶级工艺、顶级享受、高级、极品、极佳（绝佳/绝对）、终极、极致。

与“首/家/国”有关：

首个、首选、独家、独家配方、首发、全网首发、全国首发、XX网独家、首次、首款、全国销量冠军、国家级产品、国家（国家免检）、国家领导人、填补国内空白、中国驰名（驰名商标）、国际品质。

与品牌有关：

大牌、金牌、名牌、王牌、领袖品牌、世界领先、（遥遥）领先、领导者、缔造者、创领品牌、领先上市、巨星、著名、掌门人、至尊、巅峰、奢侈、资深、领袖、之王、王者、冠军。

与虚假有关：

史无前例、前无古人、永久、万能、祖传、特效、无敌。

与权威有关：

老字号、中国驰名商标、特供、专供、专家推荐、质量免检、无须国家质量检测、免抽检、国家 XX 领导人推荐、国家 XX 机关推荐、使用人民币图样（央行批准除外）。

涉嫌欺诈买家：

点击领奖、恭喜获奖、全民免单、点击有惊喜、点击获取、点击转身、点击试穿、点击翻转、领取奖品。

涉嫌诱导买家：

抢爆、再不抢就没了、不会更便宜了、没有他就 XX、错过就没机会了、万人疯抢、全民疯抢 / 抢购、卖

/抢疯了。

限时活动必须有具体时间（准确的活动日期）：

今日、今天、几天几夜、倒计时、趁现在、仅限、周末、周年庆、特惠趴、购物大趴、闪购、品牌团、精品团。

严禁使用：

随时结束、随时涨价、马上降价。

图书在版编目（CIP）数据

乡村振兴新思路：新时代农村电子商务运营基础入门 / 李阳，陈树伟，魏羡崴编著. -- 南宁：广西美术出版社，2021.6（2022.5重印）

ISBN 978-7-5494-2368-2

Ⅰ. ①乡… Ⅱ. ①李… ②陈… ③魏… Ⅲ. ①农村－电子商务－运营管理－中国 Ⅳ. ①F724.6

中国版本图书馆CIP数据核字(2021)第071947号

乡村振兴新思路：
新时代农村电子商务运营基础入门

XIANGCUN ZHENXING XINSILU:
XINSHIDAI NONGCUN DIANZI SHANGWU YUNYING JICHU RUMEN

编　　著：李　阳　陈树伟　魏羡崴
出 版 人：陈　明
终　　审：杨　勇
策划编辑：梁　毅
责任编辑：吴谦诚
美术编辑：陈　欢
出版发行：广西美术出版社有限公司
地　　址：广西南宁市望园路9号
邮　　编：530022
印　　刷：保定市铭泰达印刷有限公司
开　　本：889 mm × 1194 mm　1/32
印　　张：6
字　　数：100千
版　　次：2021年6月第1版第1次印刷
印　　次：2022年5月第1版第3次印刷
书　　号：ISBN 978-7-5494-2368-2
定　　价：36.00元